ヤハウェはアブラムに仰《おお》せられた。
あなたは、あなたの生《う》まれ故郷《こきょう》、
あなたの父《ちち》の家《いえ》を出《で》て、
わたしが示《しめ》す地《ち》へ行《い》きなさい。
そうすれば、
わたしはあなたを
大《おお》いなる国民《こくみん》とし…
あなたの名《な》を
大《おお》いなるものとしよう。
あなたの名《な》は祝福《しゅくふく》となる…*
創世記 12：1、2

前巻《ぜんかん》のあらすじ

最初《さいしょ》の人間《にんげん》であるアダムとエバが罪《つみ》を犯《おか》し、エデンの園《その》から追放《ついほう》された後《あと》、神《かみ》（ヤハウェ）の人類救済史《じんるいきゅうさいし》はアダムの息子《むすこ》セツの家系《かけい》によって進《すす》められることになった。

セツの子孫《しそん》であるノアは、箱船《はこぶね》を造《つく》った。地球規模《ちきゅうきぼ》で起《お》こった大洪水《だいこうずい》はノアの家族《かぞく》8人《にん》を除《のぞ》き、旧世界《きゅうせかい》に住《す》む人類《じんるい》を文明《ぶんめい》もろとも飲《の》み込《こ》んだ。そして、ノアの息子《むすこ》たちを通《とお》して、全世界《ぜんせかい》へ民《たみ》が広《ひろ》がる。

しかし人類《じんるい》は再《ふたた》びヤハウェに背《せ》を向《む》け、バベルの塔《とう》の建設《けんせつ》を試《こころ》みるが、ヤハウェの介入《かいにゅう》により失敗《しっぱい》。それから代《だい》を経《へ》て、ノアの息子《むすこ》セムの家系《かけい》からアブラムが誕生《たんじょう》する。アブラムはヤハウェの声《こえ》を聞《き》き、約束《やくそく》の地《ち》カナンで大祭司《だいさいし》メルキゼデクに出会《であ》った。

TABLE OF CONTENTS

第《だい》1章《しょう》　契《けい》約《やく》

（アブラハム契《けい》約《やく》締《てい》結《けつ》）

エリエゼル
Eliezer

祝福《しゅくふく》を受《う》けよ アブラム
あ、あなたは…?
サレムの王《おう》 メルキゼデク様《さま》でございます
そなたも疲《つか》れたろう?
アブラム
ニコ…

わたしについてきなさい
ヤハウェ様《さま》!?
わわっ
こ、ここはどこですか?!
恐《おそ》れなくても大丈夫《だいじょうぶ》

あれは？
地球《ちきゅう》だ
わたしが
七日《なぬか》間《かん》かけて
創造《そうぞう》した…
この何《なに》もない
所《ところ》にどうやって
あの球体《きゅうたい》が
掛《か》けられて
いるのだろう…
しかも青く
美しい…
ニコ
ゴオオオオオ…
！
わたしは無《む》から
空間《くうかん》を造《つく》り
地球《ちきゅう》の自転《じてん》と共《とも》に
時《とき》を刻《きざ》んだ
地上《ちじょう》には
さまざまな草木《くさき》と
動物《どうぶつ》を創造《そうぞう》し

そして最後《さいご》に
おまえたち人《ひと》を造《つく》ったのだ
我々《われわれ》の形《かたち》に似《に》せて…
ヤハウェ様《さま》…
オ゛ォォォォ…
すっ
何《なん》です？あれは？
ギャアギャア
暗闇《くらやみ》の勢力《せいりょく》だ

心配《しんぱい》することはない
わたしがおまえと
共《とも》にいる
バサ
バサッ
！
シュウウウウウ
クワアアア…
わあああ
ガバッ
あらやだ
びっくりした！
あなた夢《ゆめ》でも
見《み》たの？
ゆ、夢《ゆめ》？
あ、ああ…何《なん》だか
初《はじ》めはすばらし
かったんだが…
えっと…最後《さいご》が…
……

あなた連合軍《れんごうぐん》との戦《たたか》いで疲《つか》れてらっしゃるのね…
あ、あ、ああ…そうかも…
まだ夜明《よあ》け前《まえ》か…
起《お》きるのには早《はや》いが、少《すこ》し外《そと》の風《かぜ》に当《あ》たってくるよ
はい
ふーっ
まったく不思議《ふしぎ》な夢《ゆめ》を見《み》たな…
思《おも》えば私《わたし》の人生《じんせい》そのものがヤハウェ様《さま》に出会《であ》って以来《いらい》不思議《ふしぎ》なことばかりだが…

それにしてもソドムとゴモラの街《まち》は夜通《よどお》し明《あか》るいのだな
連合軍《れんごうぐん》の捕虜《ほりょ》から解放《かいほう》されて、人々《ひとびと》の生活《せいかつ》がまた不品行《ふひんこう》に戻《もど》っていくことが悲《かな》しくはあるが…
ロトとロトの家族《かぞく》たちは結局《けっきょく》あの街《まち》に帰《かえ》っていったんですよね…
サライ…
起きてきたのか…
今回《こんかい》の戦《たたか》いに懲《こ》りて、私《わたし》たちのところに帰《かえ》ってきてくれると思《おも》ったのに…
私《わたし》もそれを勧《すす》めたんだが、ロトの妻《つま》が反対《はんたい》したんだ
彼女《かのじょ》は都会育《とかいそだ》ちで遊牧民《ゆうぼくみん》として生《い》きられないと言《い》ってね…
あなた
私《わたし》、あなたが戦闘《せんとう》に出掛《でか》けて一人《ひとり》になってしまった時《とき》、思《おも》い知《し》ったわ

あなたにもしものことがあったら、あなたの下僕《しもべ》たちや財産《ざいさん》はいったいどうなるの？って
サライ…
何《なに》を言《い》っているんだ！私《わたし》たちにはヤハウェ様《さま》からの約束《やくそく》の子《こ》が…
わかってるわよ
でも、その約束《やくそく》の子《こ》を本当《ほんとう》に私《わたし》が産《う》むのかしら？
この地《ち》で年《とし》を重《かさ》ねるたびに不安《ふあん》でしょうがなくなるの…
血《ち》の繋《つな》がった身内《みうち》が一人《ひとり》もいないこの群《む》れで暮《く》らしていると余計《よけい》にね…

…サライ
義人《ぎじん》
メェー
メェー
メェー
ピョンコ
ピョンコ
ほお～ 私《わたし》が留守《るす》にしていた間《あいだ》も 家畜《かちく》たちが子《こ》をよく産《う》んでくれているようだな！
だんな様《さま》！
はい それはもう！
エイッ
エイッ

えいっ
えいっ
ガキン
ワー
ワー
ワー
ブン
何《なん》だ？何《なん》だ？戦《いくさ》は終《お》わったというのに
訓練《くんれん》ですよアブラム様《さま》
訓練《くんれん》？
はい…
我《われ》らは先《さき》の戦闘《せんとう》で大勝利《だいしょうり》を収《おさ》めましたが…
メソポタミア軍《ぐん》がまたいつ現《あらわ》れるかわかりません！

連合軍《れんごうぐん》が報復《ほうふく》に討伐隊《とうばつたい》を送《おく》ってくると？
その代表《だいひょう》であるケドルラオメル王《おう》の亡《な》き今《いま》可能性《かのうせい》としては低《ひく》いでしょうが…
念《ねん》には念《ねん》です
このヨルダンの低地一帯《ていちいったい》は丸腰《まるごし》ですからね…
はい
連合軍《れんごうぐん》が本気《ほんき》を出《だ》せば我《われ》らはひとたまりもないということか…
だんな様《さま》
奥様《おくさま》がお食事《しょくじ》の用意《ようい》ができましたと…
おおっ わかった！

パチ パチ
あなたに もしものことが あったら下僕《しもべ》たち や財産《ざいさん》は…
メソポタミア軍《ぐん》が またいつ現《あらわ》れるか わかりません
……
ジー…
私《わたし》も、サライも 確実《かくじつ》に年《とし》を取《と》って きているな…
今《いま》は私《わたし》も元気《げんき》だから 心配《しんぱい》はしていないが 今後《こんご》跡《あと》取《と》りが 誰《だれ》なのか決《き》まらない まま時《とき》がたてば… サライや 下僕《しもべ》たちは いざというとき 困《こま》ることだろう

しかも連合軍《れんごうぐん》の王《おう》たちが
また攻《せ》めてくるようなら…
今度《こんど》こそ我々全員《われわれぜんいん》
どうなるかわからない…
フワ…
アブラム…
アブラム…
?
アブラムよ
恐《おそ》れては
いけない
わたしが
おまえの盾《たて》…
ヤ、
ヤハウェ様《さま》?!

おまえの受《う》ける報《むく》いは非常《ひじょう》に大《おお》きいのだ
フワアアアア……
……
アドナイ・ヤハウェ様《さま》…
あなたは多《おお》くのものを私《わたし》に与《あた》えてくださると言《い》われるお方《かた》…
ですが…
いくらあなたから祝福《しゅくふく》を頂《いただ》いても、私《わたし》にはそれを継《つ》がせる者《もの》が…
もしかしたら、その者《もの》はダマスコのエリエゼルなのでしょうか？

創世記 15：1、2

主《しゅ》よ、身内《みうち》のいないまま 老《お》いていく私《わたし》は 不安《ふあん》でならないのです
このままあなたが 子孫《しそん》を下《くだ》さらない のなら…
私《わたし》の家《いえ》の奴隷《どれい》が 私《わたし》の跡取《あとと》りになる だけだと思《おも》うと…
その者《もの》が おまえの跡《あと》を 継《つ》いではいけない
おまえの跡《あと》を 継《つ》ぐ者《もの》は おまえ自身《じしん》から 産《う》まれ出《で》てくる者《もの》 でなければ…

創世記 15：3、4

創世記 15：5

アブラム
この夜空《よぞら》を見上《みあ》げてみなさい
この星《ほし》を数《かぞ》えることができるなら数《かぞ》えてごらん
そ、そんな…
ムリです…
だろう？
でもおまえの子孫《しそん》は…
こんなふうに数《かぞ》え切《き》れないほど多《おお》くなるのだよ…

創世記 15：5

創世記 15：5

創世記 15：6

私《わたし》の思《おも》いや
心配《しんぱい》は
なんと
小《ちい》さいものか…
この永遠《えいえん》なる
お方《かた》が語《かた》ると
私《わたし》は一人《ひとり》で何《なに》を悩《なや》み
恐《おそ》れていたのかと
いつも思《おも》う…
このお方《かた》ヤハウェ様《さま》は
いつも同《おな》じことを
おっしゃってくださった
じゃないか…
カランにいた時《とき》も、
ロトが去《さ》っていった
時《とき》も…

創世記 15：6

創世記 15：6、ローマ 4：3、ガラテヤ 3：6

※「彼《かれ》は主《しゅ》を信《しん》じた。主《しゅ》はそれを彼《かれ》の義《ぎ》と認《みと》められた」(創世記《そうせいき》15:6)。

アブラム　ここは眺《なが》めがいい
はい
わたしはこの地《ち》を永遠《えいえん》に おまえのものとするために カルデヤのウルからおまえを 連《つ》れ出《だ》したんだったな
ええそうです あの時《とき》から 私《わたし》はあなたの 幻《まぼろし》について きました…
幻《まぼろし》か…
はい…私《わたし》に とってはまるで 幻《まぼろし》のようで
しかし、 どのような 現実《げんじつ》よりもリアルに 迫《せま》ってくるのです
ああ…今夜《こんや》の私《わたし》は どうしたと いうのだろう？

創世記 15：7

ヤハウェ様《さま》に対《たい》して
どんどん大胆《だいたん》に
なっていく…
あの…
ヤハウェ様《さま》…
私《わたし》はウルを出《で》てから
これまで、多《おお》くの
失敗《しっぱい》と罪《つみ》を犯《おか》して
きました…
しかし、あなたは
いつも私《わたし》を赦《ゆる》して
くださった
…
しかし
もし私《わたし》の
星《ほし》の数《かず》ほどの子孫《しそん》が
私《わたし》のように
罪《つみ》を犯《おか》したら…
いやっ…
もっとひどい者《もの》も
現《あらわ》れるかも
しれない

創世記 15：8

それでもあなたは約束《やくそく》を果《は》たしてくださるのですか？
私《わたし》は…　私《わたし》は…
確《たし》かな証拠《しょうこ》を見《み》たい!!
この土地《とち》が永遠《えいえん》に私《わたし》たち子孫《しそん》のものであるという証拠《しょうこ》を見《み》せてもらえませんか!?

創世記 15：8

ひゃ〜〜〜
ヤハウェ様《さま》の前《まえ》で言《い》ってしまったあー!!
…
いいだろう
へ!?
わたしのところにいけにえの動物《どうぶつ》を持《も》ってきなさい…
その時《とき》におまえに見《み》せたいものがあるから
ヤハウェがアブラムに現《あらわ》れたのはこれで四回《かい》めのことになり

創世記 15：9

※後《のち》に「アブラハム契約《けいやく》」と呼《よ》ばれる。

創世記 15：9

※信《しん》じることによって、神《かみ》に罪《つみ》なき者《もの》として認《みと》められる、つまり神《かみ》との関係《かんけい》が正《ただ》しくなるということ。

だんな様《さま》！
そんな大《おお》きな動物《どうぶつ》たちをだんな様《さま》一人《ひとり》で運《はこ》ばれるのは大変《たいへん》です！
そうよ、エリエゼルに手伝《てつだ》ってもらいましょう
何《なに》を言《い》う！
これは、私《わたし》とヤハウェ様《さま》との約束《やくそく》なんだ
私《わたし》一人《ひとり》でやる義務《ぎむ》がある！
あなた…
……
いけにえといえば子牛《こうし》や子羊《こひつじ》なのに
三歳《さい》の成熟《せいじゅく》した動物《どうぶつ》を使《つか》うとはどういうことだ？
ゴク…

松明《たいまつ》の契約《けいやく》
ハァ
ハァ
ハァ
ハァ
ハァ
ハァ
ふーーっ
さすがにこれだけの動物《どうぶつ》を一人《ひとり》でほふるのは骨《ほね》が折《お》れる…
ドッ
命《いのち》には命《いのち》を…

創世記 15：10

じりっ…
…ヤハウェ様《さま》…
昨夜《さくや》——
わたしのところにいけにえの動物《どうぶつ》を持《も》ってきなさい
その時《とき》にあなたに見《み》せたいものがあるから…
いけにえですか？
そうだ
あなたとの約束《やくそく》が永遠《えいえん》のものである証拠《しょうこ》に
三歳《さい》の雌牛《めうし》と三歳《さい》の雌《め》やぎ、三歳《さい》の雄羊《おひつじ》、
そして山鳩《やまばと》とそのひなを用意《ようい》するのだ
五《いつ》つの動物《どうぶつ》を?!

創世記15：9

それを殺《ころ》し、真《ま》ん中《なか》から引《ひ》き裂《さ》いて二《ふた》つに分《わ》けよ
ただし鳥《とり》は裂《さ》いてはならない
そ、そのやり方《かた》はまさか…
血《ち》の契約《けいやく》だ…
ヤハウェ様《さま》が血《ち》の契約《けいやく》を私《わたし》と交《か》わすというのか!?
アブラムの時代《じだい》契約《けいやく》といえば四《よっ》つの種類《しゅるい》のものがあった
一《ひと》つめは手《て》の契約《けいやく》
Hands Covenant
いわゆる握手《あくしゅ》をして約束《やくそく》をする行為《こうい》であり
四《よっ》つの中《なか》では比較的《ひかくてき》軽《かる》い契約《けいやく》スタイルだった

二《ふた》つめは靴《くつ》の契約《けいやく》※1
Shoes Covenant
契約《けいやく》に合意《ごうい》したとき
お互《たが》いのサンダルを交換《こうかん》する
これはサンダルを元《もと》の持《も》ち主《ぬし》に
返《かえ》すまで有効《ゆうこう》という契約《けいやく》である
三《みっ》つめは
塩《しお》の契約《けいやく》※2
Salt Covenant
これは相手《あいて》の塩袋《しおぶくろ》に
手《て》を入《い》れて塩《しお》をつかみ取《と》り
自分《じぶん》の塩袋《しおぶくろ》に
入《い》れて混《ま》ぜる契約《けいやく》
混《ま》ざってしまった塩《しお》は
元通《もとどお》りにはできない
ことから
約束《やくそく》したことは
変《か》えられない
という意味《いみ》があった

創世記 15：9

※1　ルツ記《き》4：7　※2　レビ記《き》2：13、民数記《みんすうき》18：19、Ⅱ歴代誌《れきだいし》13：5

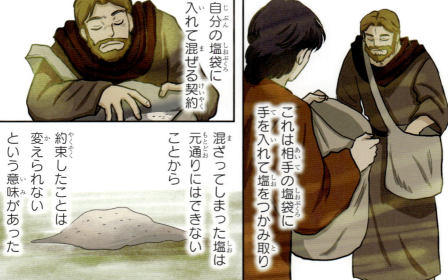

そして最後《さいご》が血《ち》の契約《けいやく》である
この契約《けいやく》は、その契約者《けいやくしゃ》が引《ひ》き裂《さ》かれた動物《どうぶつ》の間《あいだ》を通《とお》って完了《かんりょう》するものであるが
これは四《よっ》つの中《なか》でいちばん厳粛《げんしゅく》な契約《けいやく》だった
動物《どうぶつ》を引《ひ》き裂《さ》くのは、もし契約違反《けいやくいはん》があれば
命《いのち》をもって償《つぐな》うという意味《いみ》があった
以前《いぜん》マムレやアシュコルたちと交《か》わした契約《けいやく》※と違《ちが》う…

創世記 15：9

※アブラムとマムレはお互《たが》いを守《まも》り合《あ》うための友情契約《ゆうじょうけいやく》を交《か》わしている(創世記《そうせいき》14：13)。

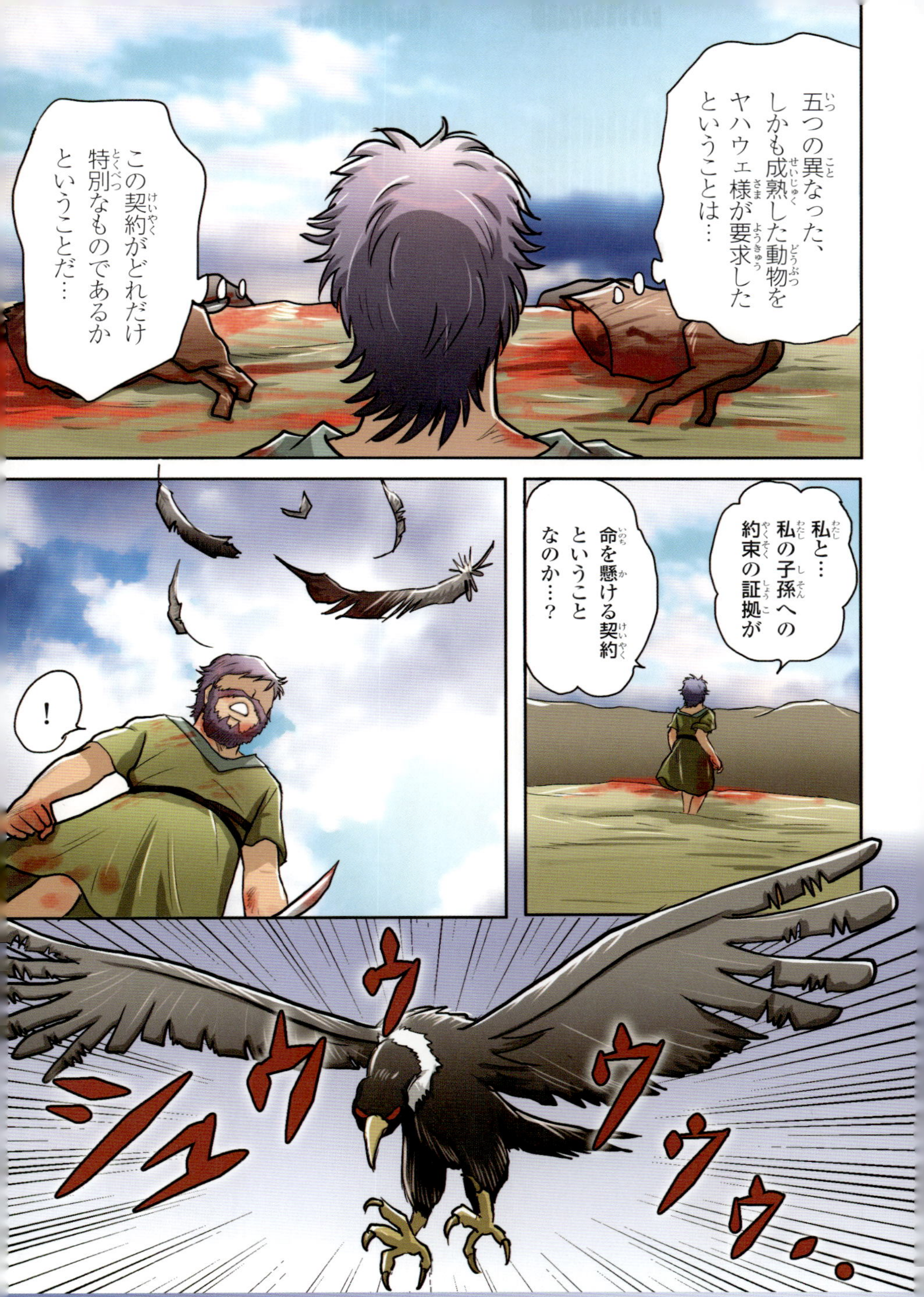

五《いつ》つの異《こと》なった、しかも成熟《せいじゅく》した動物《どうぶつ》をヤハウェ様《さま》が要求《ようきゅう》したということは…
この契約《けいやく》がどれだけ特別《とくべつ》なものであるかということだ…
私《わたし》と…私《わたし》の子孫《しそん》への約束《やくそく》の証拠《しょうこ》が
命《いのち》を懸《か》ける契約《けいやく》ということなのか…？
！
シュウウウウウ…

創世記 15：10、11

バサ
ザザ
バサ
血《ち》の臭《にお》いをかぎつけて猛禽《もうきん》たちが!!
バッ
だめだ!!これは大事《だいじ》なヤハウェ様《さま》のもの!!
おまえたちに取《と》られるわけにはいかん!!
ギャア
ギャア
ぶん
ぶん
シュウウウ
くそお!!闇《やみ》の軍勢《ぐんぜい》め!!
チャッ
カッ
邪魔立《じゃまだ》てしようというのか!?

創世記 15：11

おまえたちには
この神聖《しんせい》な
いけにえには
指《ゆび》一本《ぽん》
触《ふ》れさせん!!
カァァァァァ…
ギャア
ブン
ギャア
ギャ
ブン
ハァ
ハァ

創世記 15：11

グザッ
や…やっと去《さ》ってくれたか…
ハァ
ハァ
ハァ
昨夜《さくや》から一睡《いっすい》もしていないせいか…
さすがにくたくただ…
ドッ
オォォォォォ

創世記 15：12

何《なん》だ？
この暗闇《くらやみ》は？
か、体《からだ》が動《うご》かない…
こ…これは
何《なに》か恐《おそ》ろしいことが起《お》ころうとしているのか？
ハッ
ハッ
ヤ…ヤ…
ヤハウェ様《さま》!!

創世記 15：12

ギャァァ
ザッ
アブラムよ
今《いま》からおまえに
これから起《お》こる
ことを伝《つた》える…
おまえの子孫《しそん》は将来《しょうらい》
異国《いこく》の地《ち》に
住《す》むことになる…

創世記 15：12、13

あ…あれ？
ここは…
ポゥ…
!!
その異国《いこく》の地《ち》で
おまえの子孫《しそん》は
奴隷《どれい》にされ
四百年《ねん》の間《あいだ》
苦《くる》しめられる

創世記 15：13

えっ!?
ええっ?!
しかしわたしは
その国《くに》を裁《さば》く
時《とき》が来《き》たら
わたしはおまえの
子孫《しそん》に多《おお》くの
財産《ざいさん》をもたせて…
ザアアアァァ。。。

創世記 15：14

ザザーン
わああぁ…
必《かなら》ず解《かい》放《ほう》する
!!

創世記15：15、16　※1　新改訳聖書《しんかいやくせいしょ》の「よみ」に相当《そうとう》。シオールの祝福《しゅくふく》の場所《ばしょ》は、キリスト以降《いこう》、天《てん》に上《あ》げられている。※2　初代《しょだい》レビ、2代《だい》ケハテ、3代《だい》アムラム、4代《だい》モーセ（出《しゅつ》エジプト記《き》6：16-20）。　※3　カナン人《じん》の総称《そうしょう》。

ゴオオオオ
アブラムが眠《ねむ》りの中《なか》で幻《まぼろし》を見《み》たあと、
ヤハウェが煙《けむり》の立《た》つかまどと
燃《も》えている松明《たいまつ》の姿《すがた》となって現《あらわ》れた…
そしてそのまま
切《き》り裂《さ》かれた死体《したい》の間《あいだ》を
通過《つうか》した…

創世記 15：17

うう
ヤ…
ヤハウェ様《さま》
なんということだ…
ヤハウェ様《さま》だけが
いけにえの間《あいだ》を
通《とお》られた…
アブラムは
眠《ねむ》りの中《なか》にあっても
煙《けむり》と炎《ほのお》を見《み》ていた
ヤハウェだけが動物《どうぶつ》の間《あいだ》を通《とお》り過《す》ぎる…
これには重要《じゅうよう》な意味《いみ》があった
つまりこの契約《けいやく》は神《かみ》の一方的《いっぽうてき》な契約《けいやく》であって、
今後《こんご》アブラムとその子孫《しそん》が
どのような失敗《しっぱい》を犯《おか》したとしても
契約《けいやく》が破棄《はき》されることはない
つまりヤハウェだけが
すべての責任《せきにん》を負《お》う
というものであった

アブラムの子孫《しそん》はやがて星《ほし》の数《かず》ほど増《ふ》えていく
イサク
ヤコブ
モーセ
そしてアブラムが心配《しんぱい》したように多《おお》くの醜《みにく》い罪《つみ》の歴史《れきし》を重《かさ》ねる…
ダビデ
ソロモン
そしてそのたびにヤハウェによって多《おお》くの預言者《よげんしゃ》が遣《つか》わされ、導《みちび》かれていったが
エリヤ
サムエル
エゼキエル
それでも人々《ひとびと》の悲《かな》しみの歴史《れきし》の連鎖《れんさ》は止《と》められなかった…
エレミヤ
イザヤ
バビロン捕囚《ほしゅう》

創世記 15：17-21

創世記 15：17-21　※創世記《そうせいき》3：15。「女《おんな》の子孫《しそん》」はイエス・キリストを暗示《あんじ》することば。「女《おんな》の子孫《しそん》の命《いのち》の血《ち》」とは、イエス・キリストが人類《じんるい》の罪《つみ》を背負《せお》い、死《し》ぬことを意味《いみ》する。

第《だい》2章《しょう》　イシュマエル

Ishmael

ク…ククククク
ブアッハハハハハハハハ
ヤハウェめ！何《なに》を考《かんが》えておるのだ！
ひーっひひひひ
よもやあのような愚《おろ》かな契約《けいやく》を人間《にんげん》と結《むす》ぶとは夢《ゆめ》にも思《おも》わなんだわ
人間《にんげん》のためなら神《かみ》自身《じしん》が引《ひ》き裂《さ》かれてもよいなどと気《き》でも狂《くる》ったか!!
おい！おまえたち
はっ
私《わたし》は俄然《がぜん》やる気《き》が出《で》てきたぞ
まずはアブラムたちに疑《うたが》いの霊《れい》を送《おく》り込《こ》め！
ははっ

創世記 15：17、18

し、しかしヘイレル様《さま》
今《いま》アブラムの信仰《しんこう》は堅《かた》く
ヤハウェが義人《ぎじん》と呼《よ》ぶほど…
我々《われわれ》の力《ちから》では
どうにもなりません
我《われ》らがアダムとエバを
落《お》とした時《とき》のように
女《おんな》を惑《まど》わせるのは
我々《われわれ》の得意《とくい》とする
ところではないか！
わかって
おらんのう…
攻撃《こうげき》するのは
アブラムでは
ない…
サライだ…
!
第《だい》二の天《てん》の軍勢《ぐんぜい》よ！
混乱《こんらん》じゃ！
混乱《こんらん》させるのだ!!
バッ
混乱《こんらん》すれば
人間《にんげん》は勝手《かって》に
自滅《じめつ》するわ！
ヤハウェが命懸《いのちが》けで
人《ひと》との契約《けいやく》を果《は》たすと
いうのならば…

創世記15：17、18

我々《われわれ》はヤハウェの弱《よわ》みである人間《にんげん》を全力《ぜんりょく》で人質《ひとじち》として獲得《かくとく》していこう
人《ひと》は自分中心《じぶんちゅうしん》にしか物事《ものごと》を考《かんが》えられないとき、不安《ふあん》を抱《いだ》くものだ…
今《いま》こそこの女《おんな》の心配《しんぱい》につけ込《こ》んで、アブラムを外《そと》からコントロールし女《おんな》の子孫《しそん》の誕生《たんじょう》を阻《はば》んでやる…
ヒュウウウゥゥ…
これが最後《さいご》の手段《しゅだん》…

創世記 16：1

キッ
もう この方法《ほうほう》しか ないのよ…
パチ
パチ
パチ
ねぇ…あなた
何《なん》だ？ サライ 神妙《しんみょう》な顔《かお》をして…

創世記 16：1

私《わたし》たちがこの地《ち》へ来《き》てもう十年《ねん》がたったわ
ウルを出《で》てハランへそして六十五歳《さい》でカナンへ来《き》て十年《ねん》…
今《いま》や私《わたし》は七十五歳《さい》…あなたは八十五歳《さい》よ…
私《わたし》は長《なが》い間《あいだ》ヤハウェ様《さま》の約束《やくそく》の子《こ》どもを待《ま》ち望《のぞ》んできたけど…
とうとう主《しゅ》は与《あた》えてくださらなかった
なっ何《なに》を言《い》いだすんだサライ!!
子《こ》どものことはヤハウェ様《さま》に任《まか》せると以前《いぜん》二人《ふたり》で決《き》めたじゃないか！
それで気《き》がついたの…
自分《じぶん》たちも知恵《ちえ》を使《つか》って行動《こうどう》を起《お》こさなくちゃいけないって…
創世記 16：1、2

なぜなら約束《やくそく》の子《こ》はアブラムから出《で》ると言《い》われたけどサライが産《う》むとは聞《き》いてないから！
だからお願《ねが》い…
私《わたし》の女奴隷《おんなどれい》に子《こ》どもを産《う》ませてちょうだい…
なっ
何《なに》を言《い》って…
私《わたし》は彼女《かのじょ》によってやっと妻《つま》として確立《かくりつ》される
ハガル…
……

創世記 16：1、2

創世記 16：1、2　※当時《とうじ》は一般的《いっぱんてき》な慣習《かんしゅう》として行《おこな》われていた。

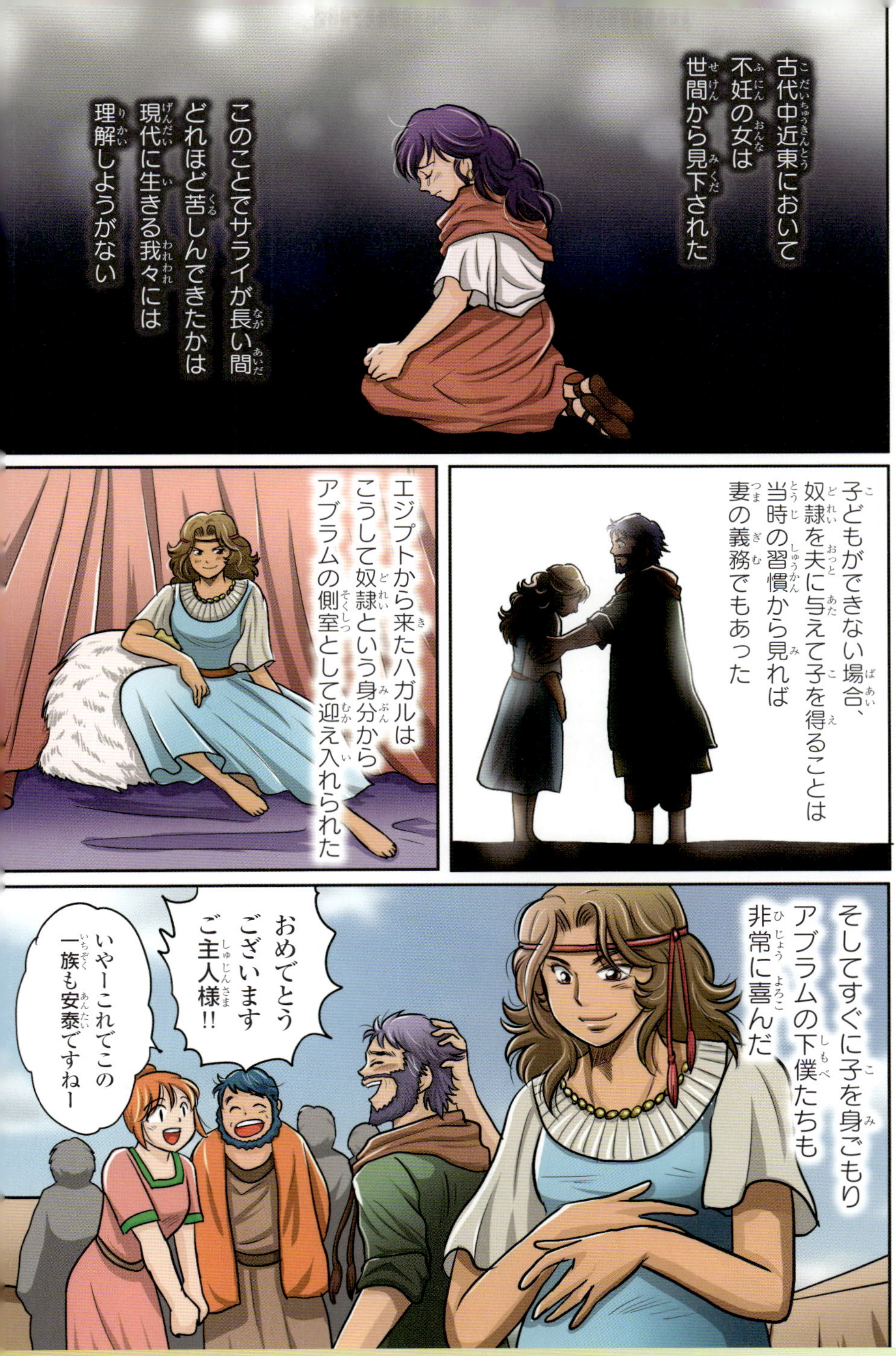

古代中近東《こだいちゅうきんとう》において
不妊《ふにん》の女《おんな》は
世間《せけん》から見下《みくだ》された
このことでサライが長《なが》い間《あいだ》
どれほど苦《くる》しんできたかは
現代《げんだい》に生《い》きる我々《われわれ》には
理解《りかい》しようがない
子《こ》どもができない場合《ばあい》、
奴隷《どれい》を夫《おっと》に与《あた》えて子《こ》を得《え》ることは
当時《とうじ》の習慣《しゅうかん》から見《み》れば
妻《つま》の義務《ぎむ》でもあった
エジプトから来《き》たハガルは
こうして奴隷《どれい》という身分《みぶん》から
アブラムの側室《そくしつ》として迎《むか》え入《い》れられた
そしてすぐに子《こ》を身《み》ごもり
アブラムの下僕《しもべ》たちも
非常《ひじょう》に喜《よろこ》んだ
おめでとうございますご主人様《しゅじんさま》!!
いやーこれでこの一族《いちぞく》も安泰《あんたい》ですねー

創世記 16：3、4

創世記 16：4

※「見下《みさ》げる」というヘブル語《ご》「カーラル」は、「呪《のろ》った」という意味《いみ》も含《ふく》む。

ハガルの高《たか》ぶりは度《ど》を超《こ》していた
も～何《なん》なのハガルのあの態度《たいど》は!?
キ〜〜〜ッ
もともと女奴隷《おんなどれい》であるあの子《こ》をあなたのところに与《あた》えたのはこの私《わたし》だというのに!!
妊娠《にんしん》した途端《とたん》!!ちっとも私《わたし》の言《い》うことは聞《き》かなくなるし
私《わたし》のことバカにして自分《じぶん》が正妻《せいさい》にでもなったかのふるまい!
こうなったのもアブラム!
あなたのせいよ!
……
やっぱりそうきたか…
あなたがハガルを甘《あま》やかすからいけないのよ
そ、そんなことを言《い》ったって…
主がわたしとあなたの間を裁かれますように!!

創世記 16：5

サライ、ハガルは
もともとおまえの
女奴隷《おんなどれい》なんだ
気《き》に入《い》らないなら
おまえの好《す》きな
ようにすればいい
じゃないか…
あなた本気《ほんき》で
それを言《い》ってる
のね？
ああだから
もう私《わたし》に
怒《おこ》るのは
やめてくれ…
ピクッ
——じゃあ
そうさせて
もらうわ…
この日《ひ》から
サライの反撃《はんげき》が
始《はじ》まった
ハガル
ここから
出《で》ていき
なさい

創世記 16：6

!
今日《きょう》からあなたは側室《そくしつ》の身分《みぶん》から奴隷《どれい》に戻《もど》ってもらうわ！
今《いま》まで以上《いじょう》に働《はたら》いてもらうから覚悟《かくご》しなさい
そ、そんなバカな
私《わたし》は妊婦《にんぶ》なのよ
そんなことだんな様《さま》が許《ゆる》すはず…
さっおまえたちハガルの荷物《にもつ》を奴隷《どれい》の幕屋《まくや》に運《はこ》んでちょうだい
はい奥様《おくさま》
ちょ、ちょっと！

創世記 16：6

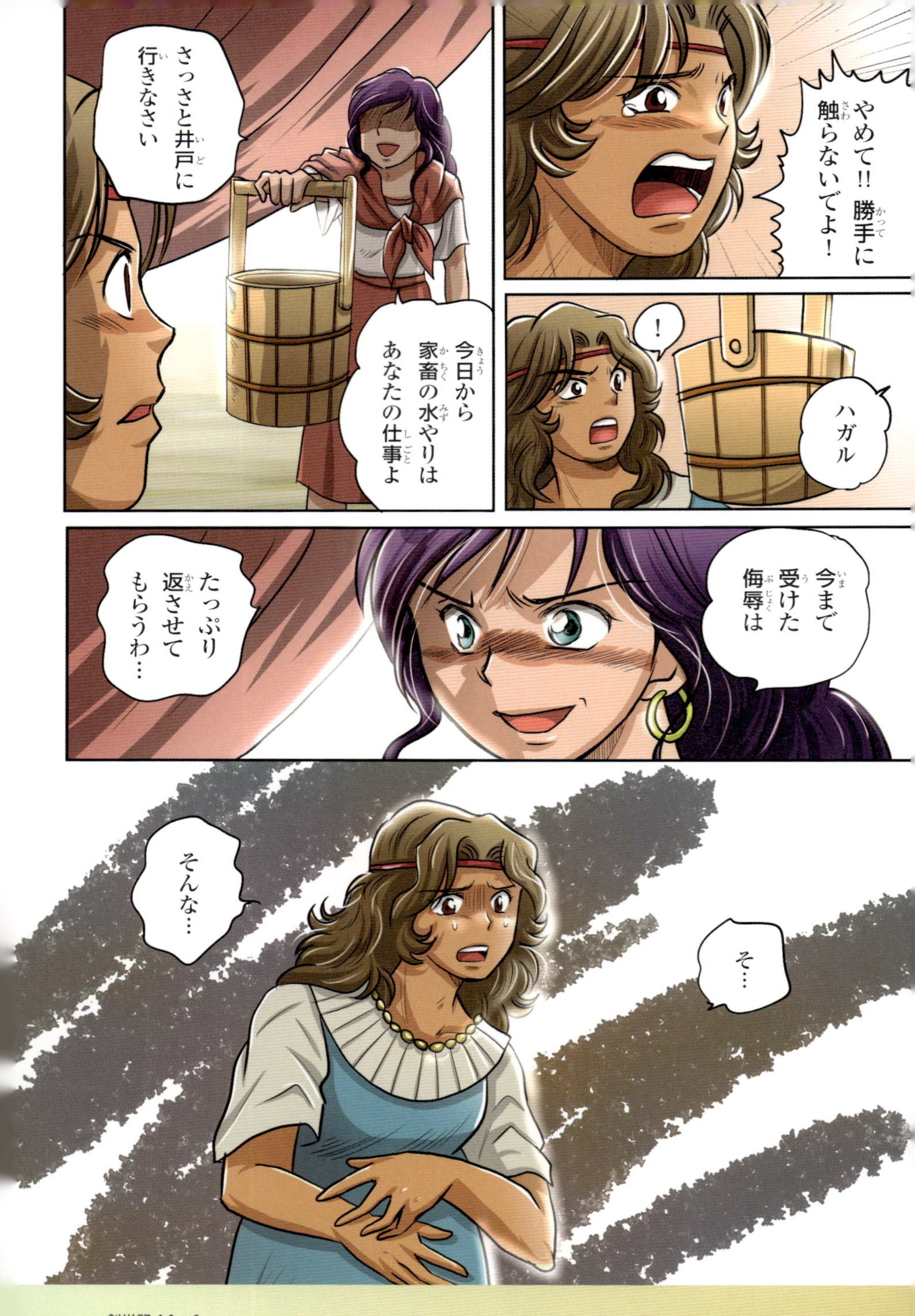
やめて!! 勝手《かって》に触《さわ》らないでよ！
ハガル
！
今日《きょう》から家畜《かちく》の水《みず》やりはあなたの仕事《しごと》よ
さっさと井戸《いど》に行《い》きなさい
今《いま》まで受《う》けた侮辱《ぶじょく》は
たっぷり返《かえ》させてもらうわ…
そ…
そんな…

創世記 16：6

こうして女同士《おんなどうし》の醜《みにく》い争《あらそ》いが始《はじ》まった
自分《じぶん》たち夫婦《ふうふ》にとって良《よ》かれと思《おも》ったサライの計画《けいかく》はかえって
アブラム一家《いっか》に悲《かな》しい影《かげ》を落《お》としていたのである
ハァ ハァ ハァ
ガクッ
わ…私《わたし》
カァ カァ
もう耐《た》えられない…

創世記 16：6

ねえ
ハガルを見《み》なかった？
それが奥様《おくさま》
昼間《ひるま》、水汲《みずく》みに行《い》ったまままだ戻《もど》ってないようで…
えっ
何《なに》？
ハガルが帰《かえ》ってこない？
わ、私《わたし》のせいだわアブラム…
私《わたし》があの子《こ》をいじめたから
ハガルとおなかの子《こ》にもしものことがあったら私《わたし》
落《お》ち着《つ》くんだサライ今《いま》からみんなでハガルを探《さが》すぞ
エリエゼル
はい！すぐに出発《しゅっぱつ》します！

創世記 16：6

創世記 16：6

※「生《い》きて見《み》ておられる方《かた》の井戸《いど》」の意《い》。

バサササ…
このまま脱水状態《だっすいじょうたい》が続《つづ》けば私《わたし》も…おなかの子《こ》も死《し》んでしまう…
こんな所《ところ》に鳥《とり》？
み…水《みず》がこの先《さき》にあるんだわ!!
ハァ
ハァ

創世記 16：7

あ…あった!!
水《みず》!!
これで
生《い》き延《の》びること
ができる!!
サライの女《おんな》奴《ど》隷《れい》
ハガルよ
おまえはどこから来《き》て
どこへ行《い》こうと
しているのか？

創世記 16：8

あ…あなたは…？
何《なん》で私《わたし》の名前《なまえ》を知《し》ってるの？
この人《ひと》…
はっ
わ…私《わたし》は…
女主人《おんなしゅじん》のサライ様《さま》から逃《に》げているところで…
その…
私《わたし》…
おまえの女主人《おんなしゅじん》のもとに帰《かえ》りなさい
そして彼女《かのじょ》のもとで身《み》を低《ひく》くしなさい

創世記 16：8、9

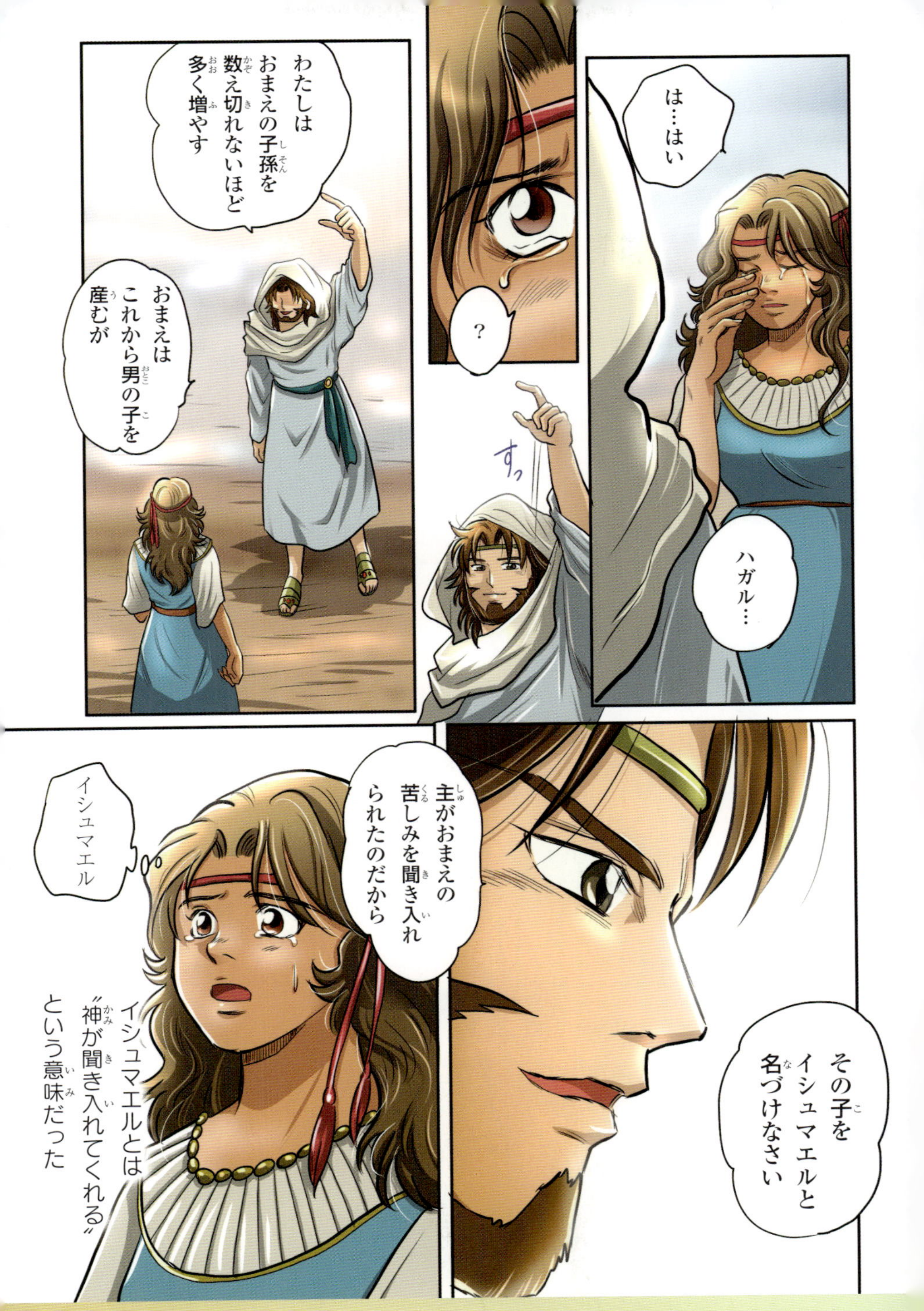
は…はい
ハガル…
？
すっ
わたしは おまえの子孫《しそん》を 数《かぞ》え切《き》れないほど 多《おお》く増《ふ》やす
おまえは これから男《おとこ》の子《こ》を 産《う》むが
その子《こ》を イシュマエルと 名《な》づけなさい
主《しゅ》がおまえの 苦《くる》しみを聞《き》き入《い》れ られたのだから
イシュマエル
イシュマエルとは 〝神《かみ》が聞《き》き入《い》れてくれる〟 という意味《いみ》だった

創世記 16：10、11

旧約聖書《きゅうやくせいしょ》において誕生前《たんじょうまえ》に名前《なまえ》が主《しゅ》から知《し》らされたのはこのイシュマエルと後《のち》に誕生《たんじょう》したイサクだけである
ヤハウェはハガルを憐《あわ》れみ、さらに未来《みらい》のことを彼女《かのじょ》に語《かた》った
イシュマエルは野生《やせい》のロバのような者《もの》になる
彼《かれ》はあらゆる人《ひと》に自分《じぶん》のこぶしを振《ふ》るうので彼《かれ》の周《まわ》りの者《もの》は皆《みな》、彼《かれ》に対《たい》して競《きそ》うだろう
彼《かれ》は兄弟《きょうだい》すべてに敵対《てきたい》しながら暮《く》らすようになるだろう…
こんなことまでわかるなんて…
この人《ひと》は…この人《ひと》は…
ヒュウウウ…

創世記 16：12

創世記 16：13、14

※かつてアブラムたちがエジプトへ下《くだ》っていった道《みち》であることから、ハガルは故郷《こきょう》のエジプトを目指《めざ》したのかもしれない。

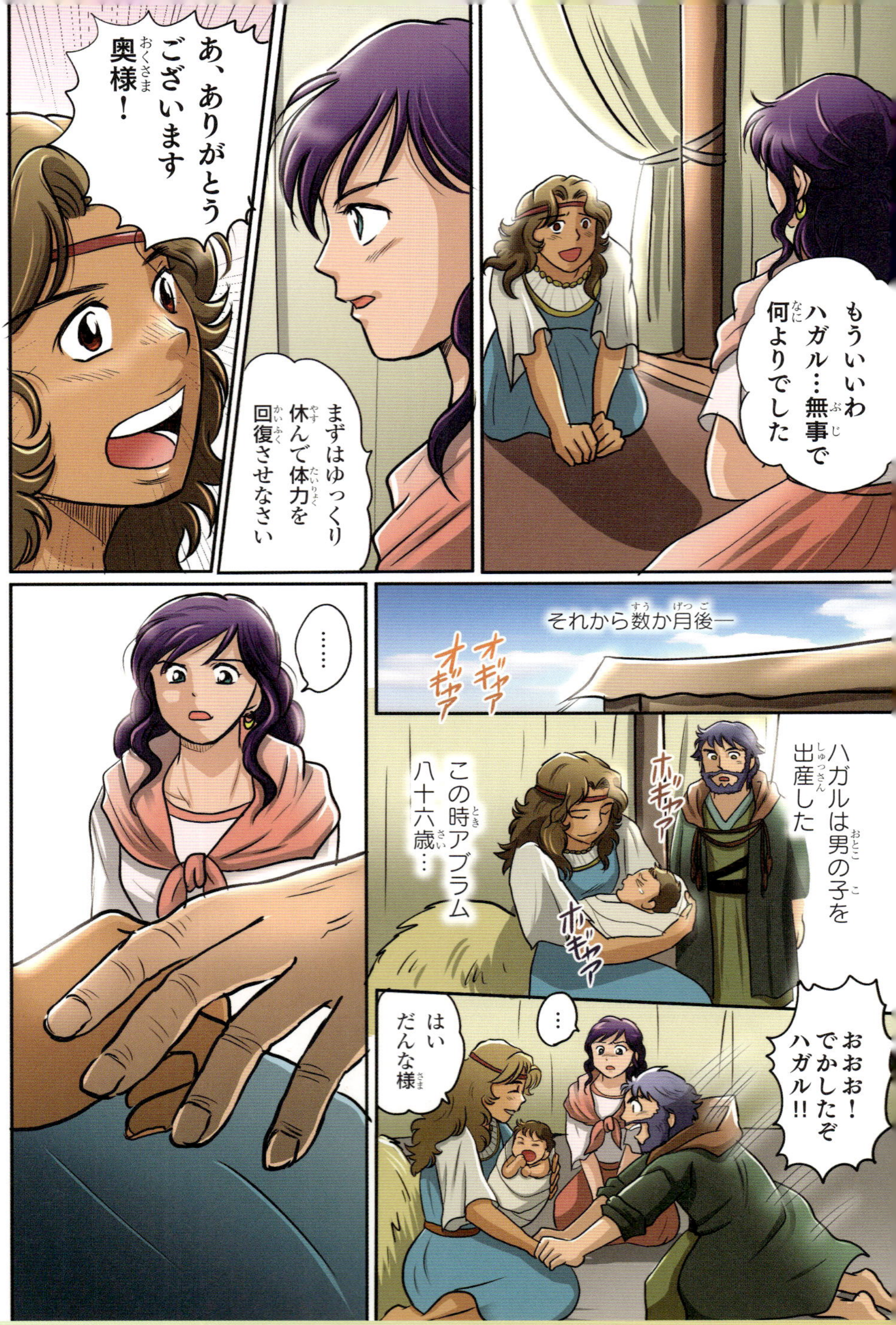
もういいわ
ハガル…無事《ぶじ》で
何《なに》よりでした
まずはゆっくり
休《やす》んで体力《たいりょく》を
回復《かいふく》させなさい
あ、ありがとう
ございます
奥様《おくさま》！
それから数《すう》か月後《げつご》ー
オギャア
オギャア
ハガルは男《おとこ》の子《こ》を
出産《しゅっさん》した
この時《とき》アブラム
八十六歳《さい》…
ホギャア
ホギャア
おおお！
でかしたぞ
ハガル!!
…
はい
だんな様《さま》
……

創世記 16：15、16

男《おとこ》の子《こ》はイシュマエルと名《な》づけられた
それはアブラムがハガルの信仰《しんこう》の劇的《げきてき》な変化《へんか》を見《み》て
ハガルがヤハウェに出会《であ》ったという話《はなし》を信《しん》じたからに他《ほか》ならなかった
イシュマエルお父《とう》さんだぞ
イシュマエル！

創世記 16：15、16

この時点《じてん》でイシュマエルが約束《やくそく》の子《こ》であると誰《だれ》も疑《うたが》わなかった
…
アブラムの妻《つま》であるサライさえも…
そしてサライは思《おも》い知《し》った夫《おっと》を他《ほか》の女性《じょせい》に与《あた》えるということが
これほどまでに自分《じぶん》を傷《きず》つけるのだということを…
二人《ふたり》が一緒《いっしょ》にいるところを見《み》たくない…

創世記 16：15、16

第《だい》3章《しょう》　ソドムとゴモラ

Sodom and Gomorrah

ロト
Lot

エル・シャダイ
イシュマエルが産《う》まれて十三年後《ねんご》――
お父《とう》さーん見《み》てよ！
おおっ！
今日《きょう》の戦利品《せんりひん》!!
も～イシュマエル様《さま》にはかないませんよ～
ふーっ
エリエゼルったら不器用《ぶきよう》なんだぜ～
なんだ？おまえは一匹《びき》もなしか!?
も～それを言《い》わんでください
アハハハハ

さあさ、二人《ふたり》とも疲《つか》れたでしょ？瓜《うり》を剥《む》いたわ
母《かあ》さん！
いっただきまーす！
おお！うまそう！
……
こんな所《ところ》にいたのかサライ
夜風《よかぜ》は体《からだ》を冷《ひ》やすぞ…

創世記 17：1

ねえアブラム…
え?!
私《わたし》って何《なん》のためにあなたの妻《つま》になったのかしら…?
私《わたし》この頃《ごろ》考《かんが》えてしまうの
ハガルを通《とお》して自分《じぶん》の子《こ》を得《え》ようとしたのは失敗《しっぱい》だったって…
…
私《わたし》たちにとって良《よ》かれと思《おも》ったのに実際《じっさい》は想像《そうぞう》以上《いじょう》につらくて…
うっ…
これは間違《まちが》っていたことだったのかもって…
私《わたし》の信《しん》じる心《こころ》が足《た》りなかったのよ…
ううう…
何《なに》を言《い》うんだ! 私《わたし》はおまえの決断《けつだん》に感謝《かんしゃ》しているのに…
私《わたし》は初《はじ》めて父《ちち》になる喜《よろこ》びを知《し》ることができたんだ…
そんなに悲《かな》しまないでくれサライ…

長年《ながねん》父親《ちちおや》になることを夢見《ゆめみ》ていたアブラムの心《こころ》がイシュマエルによってどれだけ満《み》たされたことだろう
アブラムはイシュマエルを心底《しんそこ》愛《あい》していた…
しかし一方《いっぽう》でアブラムは違和感《いわかん》を感《かん》じていた…
それはイシュマエルが産《う》まれてこの十三年間《ねんかん》
一度《いちど》もヤハウェがアブラムに語《かた》りかけることがなかったからである…
今《いま》まではどんなことがあってもヤハウェ様《さま》を身近《みぢか》に感《かん》じていたのに…
こんなに長《なが》い間主《あいだしゅ》が沈黙《ちんもく》したことはなかった…
…原因《げんいん》は…
ハガルに子《こ》を産《う》ませたことだったのかもしれない…
うすうすアブラムも気《き》がついていたがある日《ひ》…

創世記 17：1-3
※「全能《ぜんのう》の神《かみ》」の意《い》。

創世記 17：4-6

※「多《おお》くの国民《こくみん》の父《ちち》」の意《い》。

わたしはこの契約《けいやく》を永遠《えいえん》の契約《けいやく》として立《た》てる
わたしがおまえの子孫《しそん》の神《かみ》となるために
このカナンの全土《ぜんど》をおまえの子孫《しそん》の永遠《えいえん》の所有《しょゆう》とするために
おまえたちの中《なか》のすべての男子《だんし》は
割礼《かつれい》を受《う》けなさい…
!
割礼《かつれい》…?!
包皮《ほうひ》の肉《にく》を切《き》り取《と》る…あれですか…!?
ヘブロンでは五種類《しゅるい》の動物《どうぶつ》の血《ち》が流《なが》されたが
いよいよ自《みずか》らの血《ち》をもって肉体《にくたい》の上《うえ》に契約《けいやく》が刻《きざ》まれるということか
それも子孫代々《しそんだいだい》にわたって…

創世記 17：7-11

ヤハウェの命令《めいれい》は
アブラハムの家《いえ》で生《う》まれた下僕《しもべ》も
金《かね》で買《か》い取《と》った奴隷《どれい》も
同《おな》じように割礼《かつれい》を受《う》けるという
厳粛《げんしゅく》なものだった
よく聞《き》きなさい アブラハム
もし無割礼《むかつれい》の男《おとこ》がいれば それは契約違反《けいやくいはん》となり その者《もの》は民《たみ》から 断《た》ち切《き》られるのだ…
は…はい…
こ…これは 直《ただ》ちに やらねば!!
あわわわわ
それともう一《ひと》つ、 妻《つま》のサライのこと だが…
もう彼女《かのじょ》をサライと 呼《よ》んではいけない
!
彼女《かのじょ》の名《な》は サラとなるの だから…

創世記 17：12-15

わたしは彼女《かのじょ》を祝福《しゅくふく》し彼女《かのじょ》に男《おとこ》の子《こ》を与《あた》えよう
その子《こ》によって彼女《かのじょ》は諸国民《しょこくみん》の母《はは》となり諸民族《しょみんぞく》の王《おう》たちも彼女《かのじょ》から出《で》てくるようになる
ま…まさか…
わ、私《わたし》は百歳《さい》になるというのに…サラは九十歳《さい》…
子《こ》どもが生《う》まれるなんて…
は…ははっ…今さら…
…
ヤハウェ様《さま》
どうかイシュマエルが御前《みまえ》に生《い》き永《なが》らえますように
そうだ、跡取《あとと》りはもうイシュマエルでよいのに…

創世記 17：19-22

※「彼《かれ》は笑《わら》う」の意《い》。

何《なん》ですって!?
もう一度《いちど》言《い》ってアブラム…
サライ…いや…サラ
ヤハウェ様《さま》がおまえに男《おとこ》の子《こ》を与《あた》えると約束《やくそく》してくださったぞ
私《わたし》もさすがに百歳《さい》の私《わたし》と九十歳《さい》のおまえに子《こ》どもができようかと笑《わら》ってしまったが…
しかしな
サラ…おまえから産《う》まれる者《もの》にヤハウェ様《さま》は契約《けいやく》を立《た》てると約束《やくそく》してくださったのだ…
そしてその子《こ》の名《な》前《まえ》は…
イサクと名《な》づけよ…と
ぶわ…

創世記 17：19-22

うわあああ～ん!!
本当《ほんとう》に？
本当《ほんとう》に？
本当《ほんとう》に？
アブラムぅ～!!
いや、私《わたし》は
今日《きょう》からアブラハム
だってば…
アブラハムゥ～
このヤハウェからの
良《よ》き知《し》らせに
サラがどれだけ
慰《なぐさ》められただろう…
そしてアブラハムは
すぐに行動《こうどう》に出《で》た
なんとその日《ひ》のうちに
アブラハムとイシュマエルをはじめ、
家《いえ》の男子《だんし》全員《ぜんいん》が割礼《かつれい》を受《う》けた
ギャー
…

3人《にん》の訪問者《ほうもんしゃ》
う〜ん う〜ん
うううう…
うう… 割礼《かつれい》は子《こ》どものうちにしないときついな〜…
ほとんどの下僕《しもべ》たちはその痛《いた》みで動《うご》けない状態《じょうたい》であった…
も〜 こんなのは勘弁《かんべん》してくれー
あんた 情《なさ》けないねえ 弱音《よわね》ばっか 吐《は》いて
うるせー
あーん?
イシュマエル様《さま》を見《み》てごらんよ
もう何日《なんにち》も一人《ひとり》で黙《だま》って痛《いた》みに耐《た》えてらっしゃる!
ひえ〜… さすがは アブラハム様《さま》の ご長子《ちょうし》!

創世記 17：27

……
う〜…ん
さすがに この歳《とし》で割礼《かつれい》は きついわい
割礼《かつれい》を受《う》けると 完治《かんち》するまでに どれくらい かかるのだろう…
イテテテ…
ヤハウェ様《さま》は来年《らいねん》には サラに子《こ》どもを下《くだ》さる と言《い》ってくれたが…
それまでに治るのか?
しかし… 頭《あたま》でどう考《かんが》えても 信《しん》じられない〜
いや、もう信《しん》じると 決《き》めていること なんだが〜
お?

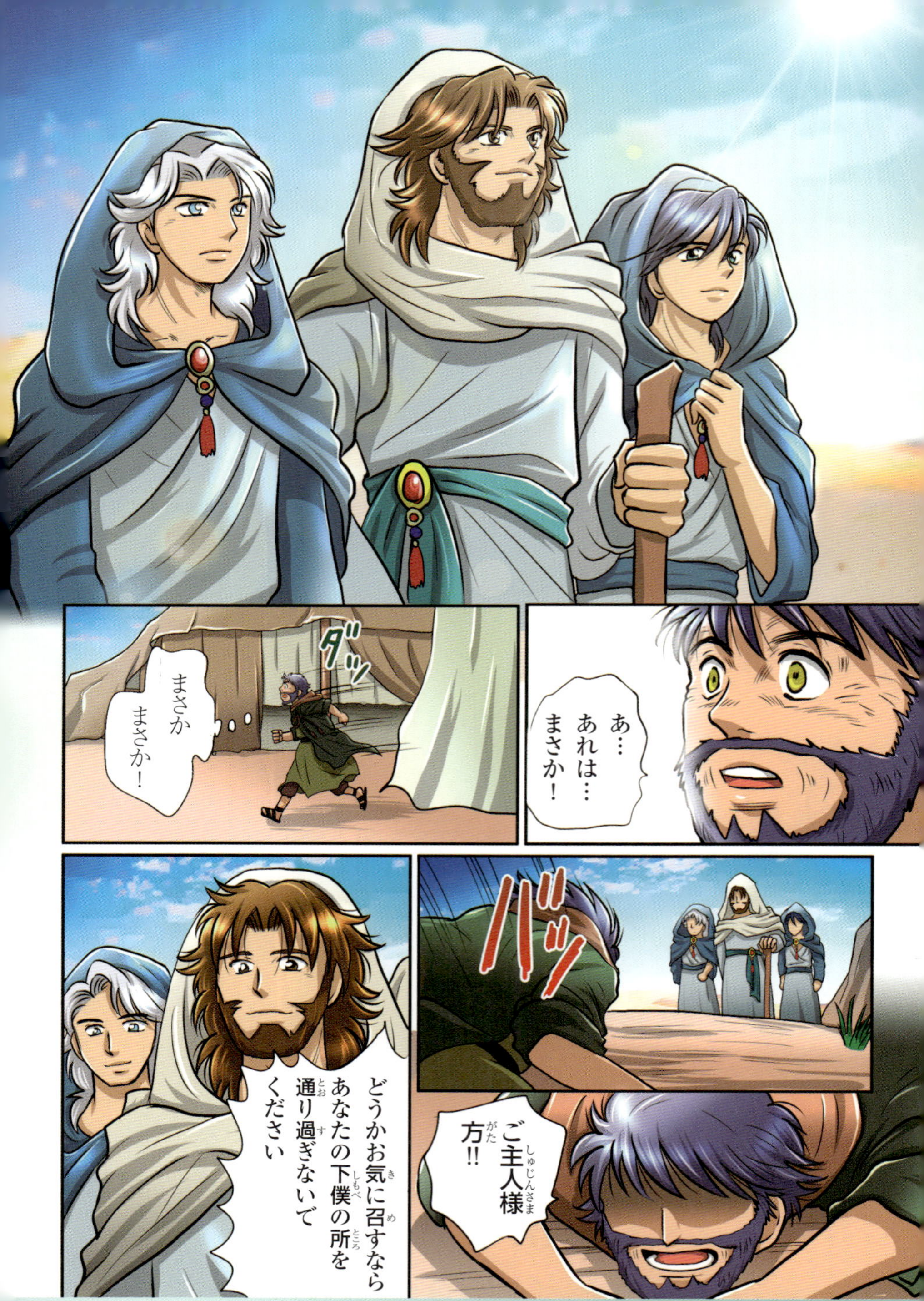
あ…
あれは…
まさか！
ダッ
まさか
まさか！
バッ
ご主人様《しゅじんさま》方《がた》!!
どうかお気《き》に召《め》すなら
あなたの下僕《しもべ》の所《ところ》を
通《とお》り過《す》ぎないで
ください

創世記 18：2、3

今《いま》、お水《みず》をお持《も》ちしますのでそれで足《あし》を洗《あら》ってあの木《き》の下《した》でお休《やす》みください！
食《た》べ物《もの》も持《も》ってまいりますし、さあ！ さあ！
……
ニコォ…
サラー
サラー
あら、あなたずいぶん元気《げんき》に動《うご》けるようになったんですね！
そ、それどころじゃないんだサラ!!
今《いま》すぐ上等《じょうとう》の小麦粉《こむぎこ》を三セアほどこねてパン菓子《がし》を作《つく》ってくれ！
？

創世記 18：4-6

大切《たいせつ》な客人《きゃくじん》が三人《にん》お見《み》えになったんだ!!大急《おおいそ》ぎで頼《たの》む！
次《つぎ》は子牛《こうし》のローストの準備《じゅんび》だ!!
ダッ
アブラハムは突然《とつぜん》やって来《き》た来訪者《らいほうしゃ》を全力《ぜんりょく》でもてなした
この方《かた》たちはただ者《もの》ではない…
この感《かん》じ…

ヤハウェ様《さま》だ…
ヤハウェ様《さま》が来《き》てくださったのだ
チラッ
ドキッ
アブラハムよおまえの妻《つま》サラのことだが…
彼女《かのじょ》は今《いま》どこにいる?
は、は、はい!!
今《いま》は天幕《てんまく》の中《なか》にいると思《おも》いますが…
そうか
ドキドキドキ
わ、私《わたし》の話《はなし》をしている?
実《じつ》はな、来年《らいねん》の今頃《いまごろ》わたしはまたここに戻《もど》ってくるつもりなのだが
その頃《ころ》にはサラに男《おとこ》の子《こ》が生《う》まれているぞ

創世記 18：9、10

!
この間《あいだ》主人《しゅじん》が
言《い》ってくれたことと
同《おな》じだわ…
何《なん》であの人《ひと》たち
が同《おな》じことを
言《い》うの!?
よくよく考《かんが》えれば私《わたし》はもう
閉経《へいけい》しているし、主人《しゅじん》だって
もうおじいちゃんよ…
こんな私《わたし》たちに
子《こ》どもが生《う》まれる
わけないじゃない…
ふっ…
サラはなぜ
笑《わら》うのだ？
こんな、年《とし》を
取《と》った自分《じぶん》に産《う》める
はずがないと疑《うたが》って
いるのかな？

創世記 18：11-13

ヤハウェに
不可能《ふかのう》なことが
あろうか？
アブラハムよ、
はっきり言《い》っておこう
わたしは来年《らいねん》の今頃《いまごろ》 定《さだ》めた時《とき》に
おまえのところに戻《もど》ってくる
その時《とき》サラは
男《おとこ》の子《こ》を抱《だ》いて
わたしを迎《むか》える
だろう
あ、
あの！
ドキ
ドキドキ
私《わたし》、笑《わら》ってません!!
笑《わら》ってなど
カァァァァ…
クス
いいや、
確《たし》かにおまえは
笑《わら》った！
笑《わら》った
ぞ！
ガーンッ

この人《ひと》たちは
この人《ひと》たちは…
サ～ッ
しゅ、主《しゅ》だぁ～
ひゃ～っ どうしよう
クッ クッ クッ
何《なに》よーっ あなたまで 笑《わら》って
ボカ ボカ ボカ
サラ!! だっておまえの そのごまかし よう
フフ
ハハハハハ
ククククク
え～ ヤハウエ様《さま》 まで!?
キャー 恥《は》ずかしい
サラは昔《むかし》から 変《か》わらないなぁ
アハハハハハハ
ハハハハ
ハハハハ…

ヒュウウウウ
アブラハムよ
わたしはおまえを選《えら》んだ…おまえがヤハウェの道《みち》を守《まも》りヤハウェに従《したが》ってその子孫《しそん》も正義《せいぎ》を行《おこな》うように…
世界中《せかいじゅう》のすべての者《もの》がおまえを通《とお》して祝福《しゅくふく》に入《はい》るように…
だからわたしはおまえにもう隠《かく》し事《ごと》をしたくない…
わたしが今《いま》、何《なに》をしようとしているかわかるか?
……
ここはソドムの街《まち》がよく見《み》える場所《ばしょ》です…

創世記 18:16-19

先《さき》ほどのお二人《ふたり》が あの不品行《ふひんこう》な街《まち》に 向《む》かっていく意味《いみ》を 考《かんが》えていました…
うむ
ソドムとゴモラの 罪《つみ》は非常《ひじょう》に重《おも》いと 訴《うった》える叫《さけ》びが 大《おお》きくてな…
わたし自身《じしん》が 下《くだ》ってゆき 街《まち》の者《もの》たちの 傲慢《ごうまん》と淫乱《いんらん》を 裁《さば》くために 確《たし》かめてこようと 思《おも》っている
！
ソドムには ロトたち家族《かぞく》が 住《す》んでいる!!
まっ
待《ま》って ください
まことにあなたは 正《ただ》しい者《もの》を悪《わる》い者《もの》と 一緒《いっしょ》に滅《ほろ》ぼすような お方《かた》ではないはずです
あの街《まち》に五十人《にん》の正《ただ》しい人《ひと》 がいたらどうしますか？ その五十人《にん》の正《ただ》しい者《もの》の ために街《まち》を赦《ゆる》しては くださらないのですか？

もし五十人《にん》の正《ただ》しい者《もの》を見《み》つけることができればその五十人《にん》のゆえに街《まち》を赦《ゆる》そう
……もし五十人《にん》も正《ただ》しい者《もの》がいなかったらどうしよう
ドキ ドキ
あ、あの…私《わたし》はちりやあくたにすぎない者《もの》ですがあえて言《い》わせてください
もし五十人《にん》に五人《にん》不足《ふそく》した場合《ばあい》は…？
五人《にん》不足《ふそく》したためにあの街《まち》をすべて滅《ほろ》ぼしますか？
もし四十五人《にん》の正《ただ》しい者《もの》を見《み》つけたら滅《ほろ》ぼすまい
しかしもしかすると四十人《にん》しかいないかもしれません
その四十人《にん》のために滅《ほろ》ぼすまい
主《しゅ》よ、どうかお怒《いか》りにならずにもう少《すこ》し申《もう》し上《あ》げさせてください
もし三十人《にん》しかいなかったら？
もし、三十人《にん》いるならわたしはそれをしない

創世記 18：26-30

創世記 18：31-33

※アブラハムの子孫《しそん》のモーセやイエスも、人々《ひとびと》のために執《と》り成《な》した。彼《かれ》らは自分《じぶん》の命《いのち》に替《か》えて民《たみ》を救《すく》おうとした。

滅《ほろ》びゆく街《まち》
ワイ
ワハハハハハ
キャーハハハ
ワイ
ワイ
ウィ〜
ドンチャン
ドンチャン
ふぅー
ソドムの街《まち》は相変《あいか》わらずやかましいなあ…
ロト
一時《いちじ》はメソポタミアに捕虜《ほりょ》とされたものの
奇跡的《きせきてき》に伯父《おじ》アブラムに救出《きゅうしゅつ》され奴隷《どれい》になるのを免《まぬが》れたはいいが…

創世記 19：1

この人《ひと》たちは
自分《じぶん》たちの行《おこな》いを
悔《く》い改《あらた》めるどころか
最近《さいきん》ますます
ひどくなってきている
なー今日《きょう》は
何食《なにく》う？
あーオレ
それ飽《あ》きたー
もっとおもしろい
ことって
ないのかしら～
ああ…あの頃《ころ》が
懐《なつ》かしい…
アブラム伯父《おじ》さんと
一緒《いっしょ》に暮《く》らしていた頃《ころ》…
あの時《とき》はヤハウェ様《さま》の臨在《りんざい》を
いつも近《ちか》くで
感《かん》じることができた…
ロト様《さま》そろそろ
閉門《へいもん》の時間《じかん》です
メソポタミアの連合軍《れんごうぐん》との
戦《たたか》いから二十年《ねん》、
ロトは門《もん》の所《ところ》に座《すわ》っていた…
あ、ああ
ロトがここに座《すわ》っていた
のは、彼《かれ》がソドムの街《まち》の
有力《ゆうりょく》な地位《ちい》に就《つ》いていた
からと思《おも》われる
二十年前《ねんまえ》、アブラハムによって助《たす》けられた人々《ひとびと》は
その後《ご》、彼《かれ》の甥《おい》であるロトを街《まち》の有力者《ゆうりょくしゃ》に
祭《まつ》り上《あ》げていた…

創世記 19：1

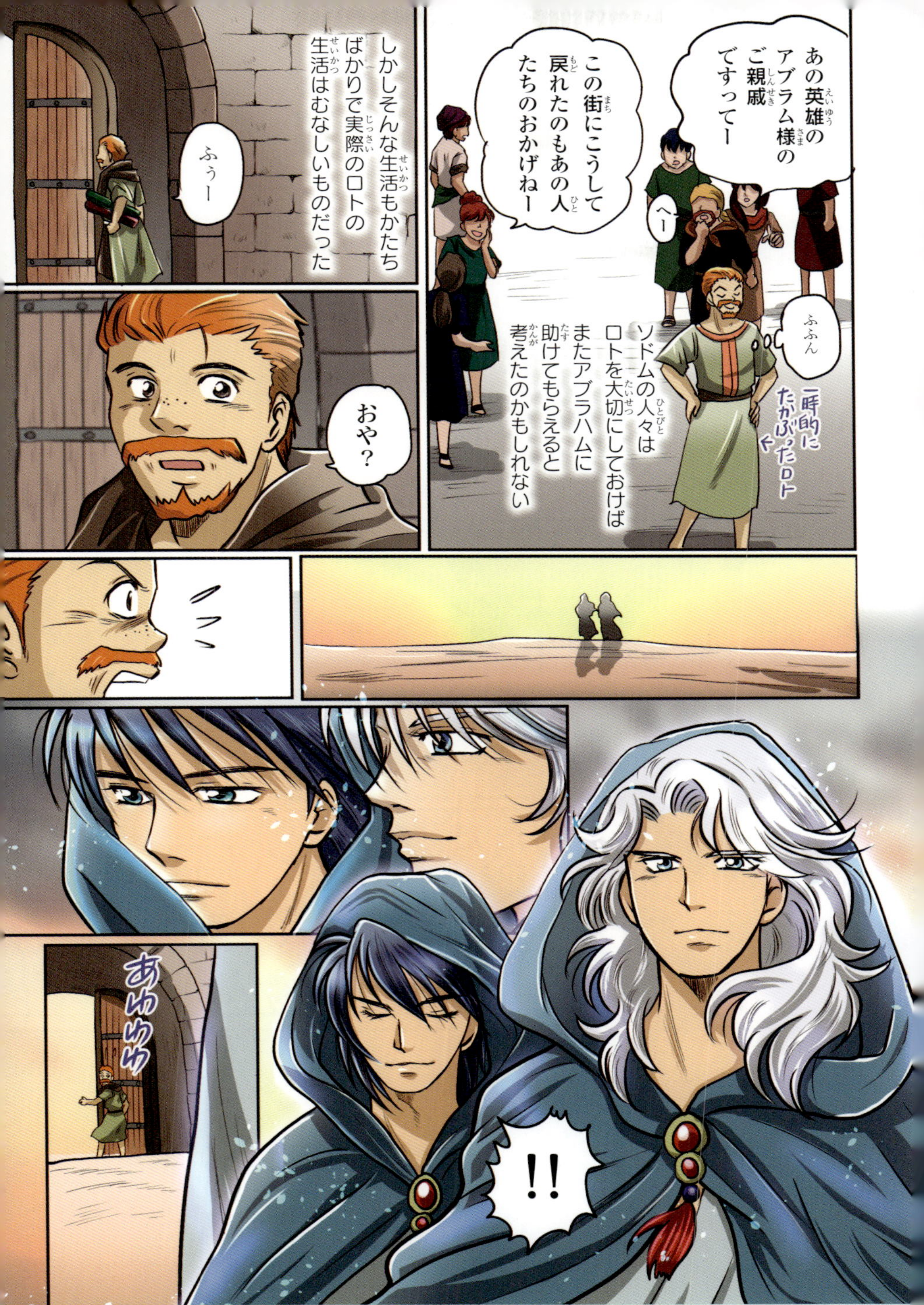
あの英雄《えいゆう》のアブラム様《さま》のご親戚《しんせき》ですってー
この街《まち》にこうして戻《もど》れたのもあの人《ひと》たちのおかげねー
へー
ふふん
ソドムの人々《ひとびと》はロトを大切《たいせつ》にしておけばまたアブラハムに助《たす》けてもらえると考《かんが》えたのかもしれない
一時的にたかぶったロト
しかしそんな生活《せいかつ》もかたちばかりで実際《じっさい》のロトの生活《せいかつ》はむなしいものだった
ふうー
おや？
!!
あゆゆゆ

創世記 19：1

そこのお二方《ふたかた》!! どうぞ今宵《こよい》は下僕《しもべ》の家《いえ》に立《た》ち寄《よ》って泊《と》まってください
ザッ
そして明日朝《あすあさ》早《はや》く起《お》きて出立《しゅったつ》してください
いやいやけっこう!
我々《われわれ》は確《たし》かめたいことがあってね
今夜《こんや》は広場《ひろば》にでも泊《と》まろうと思《おも》っているのだ
ひ、ひ広場《ひろば》ぁ!?
い、いかん!! この人《ひと》たちが広場《ひろば》に行《い》ったら街《まち》の連中《れんちゅう》のえじきだ!!
だ、だ、だめです!!
この街《まち》はどーにも治安《ちあん》が悪《わる》い所《ところ》です!! 外《そと》でお泊《と》まりは危険《きけん》です!
ぜったいダメ!!
…
ささ、人目《ひとめ》につかないようにこちらへ!!
ロトは二人《ふたり》の旅人《たびびと》たちが心配《しんぱい》で自宅《じたく》に招《まね》いた

まあ、まあ、まあ～
こんなむさ苦《くる》しい所《ところ》ですがようこそおいでくださいました！
まずは足《あし》を洗《あら》ってくださいまし
ロトの妻《つま》
い…イッケメ～ン
あんな美形《びけい》この街《まち》で見《み》たことないよ～♡
きゃ～
ロトの娘《むすめ》たち
母《かあ》さんったらデレデレしちゃって！
ちょっと私《わたし》たちもお近《ちか》づきになりたいわー
こら
おまえたち！
さっさと客人《きゃくじん》のために料理《りょうり》の準備《じゅんび》をしないか！
わ、わかってるわよ父《とう》さん！
ねえお父《とう》さん

創世記 19：3

大丈夫《だいじょうぶ》なの？あんなきれいな人《ひと》たちをうちに泊《と》めて…
街《まち》の人《ひと》たちに見《み》られなかったでしょうね！
あの身《み》なりだからうちに来《き》てもらったんだ!!
彼《かれ》らが外《そと》で夜《よる》を過《す》ごしたらどうなる!?ほっとくわけにはいかんだろう？
主《しゅ》のみこころを守《まも》るにはこうするしかなかったんだ！
また神様《かみさま》あ～？
罪《つみ》は犯《おか》させるわけにいかん！
ロトは二人《ふたり》の客人《きゃくじん》のためにできるだけのごちそうを用意《ようい》したが
急《きゅう》なこともあり種《たね》を入《い》れないパンでもてなしをした
ドンドン
ドン
おい！ロト出《で》てこい!!

今夜《こんや》おまえのところに来《き》た奴《やつ》らをここに出《だ》せや！
ひーひっひっひっひ
聞《き》くところによるとスッゲー上玉《じょうだま》がおまえんちに入《はい》ったそうじゃねーか！
ギャハハハハ
俺《おれ》たちもちょいとそれにあやかりてーよなー
そーだ
そーだ
ゲッ街《まち》の連中《れんちゅう》!!
やっぱり来《き》た！
わしが出《で》よう！
バタン
どうか皆《みな》乱暴《らんぼう》なことはやめてくれ
今日《きょう》来《き》た旅人《たびびと》は大事《だいじ》な私《わたし》の家《いえ》の客人《きゃくじん》なんだ今日《きょう》のところはあきらめてくれ

創世記 19：4-7

はあ～？テメーは引《ひ》っ込《こ》んでろ
自分《じぶん》だけ楽《たの》しもうってのか？コラ
テメー 元《もと》はよそ者《もの》のくせにえらそーに!!
客《きゃく》を出《だ》さねーっていうならまずおまえからやっちまうぞ！
わっ私《わたし》にその趣味《しゅみ》は～っ!!
わ、私《わたし》にはまだ嫁《よめ》に行《い》ってない二人《ふたり》の娘《むすめ》がいる!!
その娘《むすめ》をここに出《だ》すからあんたたちの好《す》きにしてくれ!!
ゲッ
お父《とう》さんてば何言《なにい》ってんの!?
ウソでしょ?!
その代《か》わりどうかあの方《かた》たちにだけは手《て》を出《だ》さないでくれ
苦渋《くじゅう》の決断《けつだん》だがここは娘《むすめ》たちに代《か》えてでもあの二人《ふたり》を守《まも》らねば
うっせーなそこをどけよ
おまえのブス娘《むすめ》なんか興味《きょうみ》ねーんだよ
男《おとこ》だ！男《おとこ》を出《だ》せ!!
ガチャ

創世記 19：8、9

創世記 19：10

ヴワッ!
ガッ
うわああああ
なっ？
あなた大丈夫《だいじょうぶ》？
目《め》、目《め》が見《み》えない
目《め》が～！
戸口《とぐち》はどこだあ～
そ、外《そと》で何《なに》が起《お》こったんだ!?

創世記 19：11

創世記 19：12、13、エゼキエル 16：49

わたしの前《まえ》で忌《い》み嫌《きら》うことを行《おこな》ったので取《と》り除《のぞ》かねばならなくなった…
ちょっとぉどうなってるの？
こ…
それよりお父《とう》さんに幻滅《げんめつ》…
この方《かた》たちは!!
ヤハウェ様《さま》の使《つか》いだ!! この方《かた》たちは御使《みつか》いだったんだ!!
ロトは急《いそ》いで近所《きんじょ》に住《す》んでいる娘《むすめ》とその婿《むこ》たちに事情《じじょう》を話《はな》しに走《はし》った
ええー？ 今《いま》すぐこの街《まち》を捨《す》てろって…
お義父《とう》さん夢《ゆめ》でも見《み》たんじゃないですか？
ハハハハ…
冗談はやめて下さい
そーよ、神様《かみさま》のお告《つ》げって笑《わら》える！
婿殿《むこどの》たちに話《はな》してきたが誰《だれ》も信《しん》じてくれなかった
ハァ
ハァ
そりゃそーでしょ
チラ
私《わたし》だって信《しん》じられないわ！

創世記 19：14

もうすぐ夜《よ》が明《あ》ける…
このままでは街《まち》に下《くだ》る罰《ばつ》に巻《ま》き込《こ》まれるぞ
さぁ早《はや》く！おまえの妻《つま》と二人《ふたり》の娘《むすめ》を連《つ》れて出《で》なさい
そ、そんなこと言《い》ったって…
まだ家族がそろわないのに…
えー
今《いま》なの〜!?
ねむいのに〜
もうだめだ時間《じかん》がない！
ぐいっ

創世記19：15、16

後ろ《うし》を振《ふ》り向《む》かないで！
低地《ていち》のどこにもとどまっていてはだめだ！
滅《ほろ》びたくなければ山《やま》へ!!
山《やま》ぁ〜山《やま》なんて嫌《いや》よー
父《とう》さんあの二人《ふたり》に何《なん》とか言《い》ってやってよ！
主《しゅ》、主《しゅ》よ ムリです！あなた方《がた》がどんなに我々《われわれ》を気遣《きづか》ってくれているのかはわかるのですが…
娘《むすめ》たちも妻《つま》も街育《まちそだ》ちで軟弱《なんじゃく》です！とても山《やま》まで行《い》く体力《たいりょく》はないでしょう！
これでは山《やま》にたどりつく前《まえ》に災害《さいがい》に襲《おそ》われて死《し》んでしまいます

創世記 19：17-19

創世記 19：20-22
※ヘブル語《ご》で「小《ちい》さな者《もの》」の意《い》。

よし！町《まち》の入《い》り口《ぐち》だ
ここまで来《く》れば もう安心《あんしん》だ
ヒュウウウウ
ドオン
わ、私《わたし》たちの家《いえ》が 財産《ざいさん》が!!
バカ振《ふ》り向《む》くな！
ドオーン
ゴオオオオ……
ドドド

創世記 19：26

創世記 19：26、ルカ 17：32、33

ゴォオオオオ・・・
ねぇ!起《お》きて!
アブラハム!!
!
何《なん》だか外《そと》から変《へん》な音《おと》が聞《き》こえてくるの…
何《なん》だって!?
た、大変《たいへん》だー!!
ヨルダンの低地《ていち》の街《まち》の方《ほう》だぞ
何《なん》だあの青紫色《あおむらさきいろ》の光《ひかり》は…?!
あんな光《ひかり》
見《み》たことないぞ!
ゴゴゴゴゴォ

創世記 19：27

ま、まさか…
バッ
ア、アブラハム!!
ハァ
ハァ
ハァ
アブラハムは昼間《ひるま》ヤハウェと一緒《いっしょ》に立《た》った場所《ばしょ》へ行《い》った…
そこで目《め》にしたのは
あ…ああ…
なんということだ…
ゴオオオ

創世記 19：27

創世記 19：28
※申命記《しんめいき》29：23

現在《げんざい》、死海《しかい》の南西《なんせい》に古代《こだい》の街《まち》の
遺跡《いせき》と思《おも》われる場所《ばしょ》がある
そこには、純度《じゅんど》の高《たか》い硫黄《いおう》の
小《ちい》さな球体《きゅうたい》が幾《いく》つも
見《み》つかっているという…
死海《しかい》
この辺《あた》り
ソドムとゴモラ滅亡《めつぼう》の原因《げんいん》は
諸説言《しょせつい》われているが
その一《ひと》つには、ヨーロッパの
アルプス上空《じょうくう》で隕石《いんせき》が爆発《ばくはつ》し
それが地中海《ちちゅうかい》を越《こ》えて
ソドムの街付近《まちふきん》に大《おお》きな影響《えいきょう》を
及《およ》ぼした、とするものがある
いずれにしても
ソドムとゴモラが
滅《ほろ》びたのは単《たん》なる
地殻変動《ちかくへんどう》ではなく
「硫黄《いおう》の火《ひ》が降《ふ》った」
という聖書《せいしょ》の記述《きじゅつ》を
裏《うら》づける出来事《できごと》が
起《お》きたと考《かんが》えるのは
不自然《ふしぜん》ではない
ヤハウェは、
ソドムとゴモラの町《まち》を
破滅《はめつ》に定《さだ》めて灰《はい》にし、
以後《いご》の不敬虔《ふけいけん》な者《もの》への
みせしめとされました。*
Ⅱペテロ2章《しょう》6節《せつ》
その後《ご》の
ロトたち
家族《かぞく》であるが
おい
あいつら
だぜ
あの忌《い》まわしい
ソドムの
生《い》き残《のこ》りだって
あの人《ひと》たちだけ
助《たす》かった
なんて不気味《ぶきみ》
後《のち》にツォアル※と呼《よ》ばれた
小《ちい》さな町《まち》には
彼《かれ》らの居場所《いばしょ》はなかった

創世記 19：29

※ロトが「ミツァール（小《ちい》さな者《もの》）」と呼《よ》んだことから、ソドムとゴモラの滅亡以降《めつぼういこう》、それに近《ちか》いことばの「ツォアル」となった。

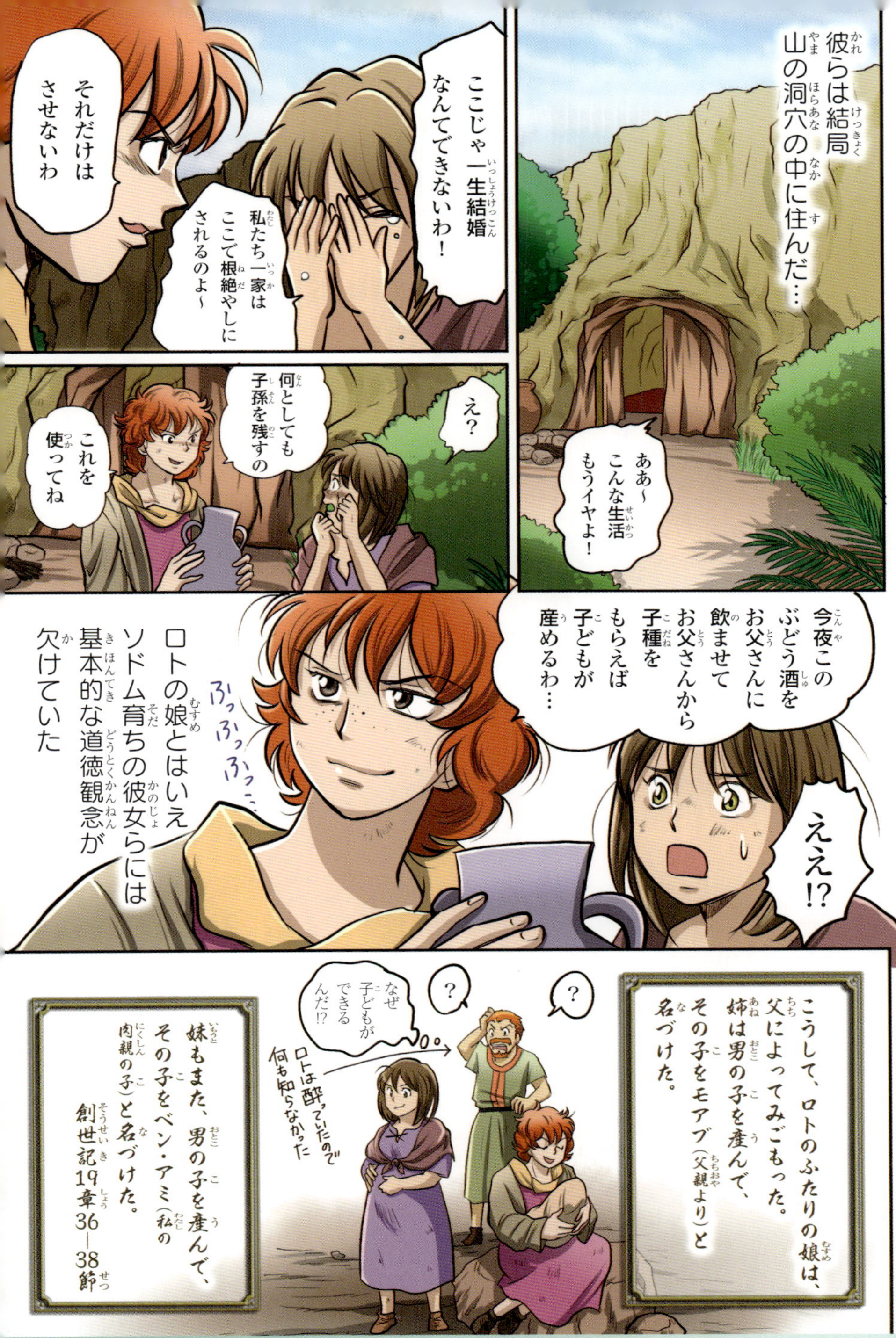

彼《かれ》らは結局《けっきょく》
山《やま》の洞穴《ほらあな》の中《なか》に住《す》んだ…
ああ〜
こんな生活《せいかつ》
もうイヤよ！
ここじゃ一生結婚《いっしょうけっこん》
なんてできないわ！
私《わたし》たち一家《いっか》は
ここで根絶《ねだ》やしに
されるのよ〜
それだけは
させないわ
え？
何《なん》としても
子孫《しそん》を残《のこ》すの
これを
使《つか》ってね
今夜《こんや》この
ぶどう酒《しゅ》を
お父《とう》さんに
飲《の》ませて
お父《とう》さんから
子種《こだね》を
もらえば
子《こ》どもが
産《う》めるわ…
ええ!?
ふっふっふっ
ロトの娘《むすめ》とはいえ
ソドム育《そだ》ちの彼女《かのじょ》らには
基本的《きほんてき》な道徳観念《どうとくかんねん》が
欠《か》けていた
こうして、ロトのふたりの娘《むすめ》は、
父《ちち》によってみごもった。
姉《あね》は男《おとこ》の子《こ》を産《う》んで、
その子《こ》をモアブ（父親《ちちおや》より）と
名《な》づけた。
？
？
なぜ
子《こ》どもが
できる
んだ!?
ロトは酔っていたので
何も知らなかった
妹《いもうと》もまた、男《おとこ》の子《こ》を産《う》んで、
その子《こ》をベン・アミ（私《わたし》の
肉親《にくしん》の子《こ》）と名《な》づけた。
創世記《そうせいき》19章《しょう》36―38節《せつ》

創世記 19：37、38

※民数記《みんすうき》25章《しょう》(バアル・ペオルの事件《じけん》)、I列王記《れつおうき》11章《しょう》7節《せつ》(ソロモンのモレク崇拝《すうはい》)。

私《わたし》はソドムの罪《つみ》を忌《い》み嫌《きら》っていました…
あなたにあって正《ただ》しく生《い》きようとすると迫害《はくがい》もされた…
だから私《わたし》はただただ耐《た》えることしかしてこなかった
でも今《いま》、この洞穴《ほらあな》に住《す》んでこう思《おも》うのです！
なぜ私《わたし》はソドムの暗闇《くらやみ》の世界《せかい》の中《なか》で希望《きぼう》の光《ひかり》になれなかったのかと!!
私《わたし》があなたでなく人《ひと》を恐《おそ》れたのでソドムの人々《ひとびと》を救《すく》うことができなかった!!
あなたの希望《きぼう》を…女《おんな》の子孫《しそん》の希望《きぼう》を人々《ひとびと》に伝《つた》えなかったから
妻《つま》や肉親《にくしん》も滅《ほろ》ぼされ、残《のこ》された娘《むすめ》二人《ふたり》とも罪《つみ》を犯《おか》してしまったのです

Ⅱペテロ2：6-9

主《しゅ》よ赦《ゆる》してください
主《しゅ》よ
人間《にんげん》の罪《つみ》が極限《きょくげん》に達《たっ》したとき ソドムとゴモラの街《まち》は滅《ほろ》んだ… それだけに彼《かれ》らの罪《つみ》がどれだけ 重《おも》いものだったかわかる
しかしそのソドムの罪《つみ》よりも 重《おも》い罪《つみ》があることを 聖書《せいしょ》は語《かた》っている
カペナウム。※ どうしておまえが 天《てん》に上《あ》げられることがありえよう。 ハデスに落《お》とされるのだ。 おまえの中《なか》でなされた力《ちから》あるわざが、 もしもソドムでなされたのだったら、 ソドムはきょうまで 残《のこ》っていたことだろう。 しかし、そのソドムの地《ち》のほうが、 おまえたちに言《い》うが、さばきの日《ひ》には、 まだおまえよりは罰《ばつ》が軽《かる》いのだ。
マタイ11章《しょう》23、24節《せつ》
イエス・キリスト
カペナウムの罪《つみ》とは 女《おんな》の子孫《しそん》であるイエスによって 示《しめ》された神《かみ》の愛《あい》を拒否《きょひ》し 受《う》け入《い》れないというものだった
しかしイエスを受《う》け入《い》れた人々《ひとびと》が 後《のち》に見《み》るのは、千年王国《せんねんおうこく》で ソドムが復活《ふっかつ》する奇跡《きせき》なのである…
わたしは彼女《かのじょ》たちの繁栄《はんえい》を 元《もと》どおりにする。 ソドムとその娘《むすめ》たちの繁栄《はんえい》、 サマリヤとその娘《むすめ》たちの繁栄《はんえい》…を。
エゼキエル16章《しょう》53節《せつ》

マタイ 11：23、24、エゼキエル 16：53　※ガリラヤ湖北西岸《こほくせいがん》にある町《まち》の名《な》。カペナウムは、イエスによるガリラヤ伝道《でんどう》の本拠地《ほんきょち》となった町《まち》だが、人々《ひとびと》は悔《く》い改《あらた》めることを拒《こば》んだ。

第《だい》4章《しょう》　イサクの誕《たん》生《じょう》
The Birth of Isaac

ハガル
Hagar

アビメレク
ソドムとゴモラの滅亡後《めつぼうご》、アブラハムはヘブロン高原《こうげん》を後《あと》にし南《みなみ》へ移動《いどう》した
あーあ住《す》み慣《な》れた場所《ばしょ》を離《はな》れるのはつらいなあ…
そうね
ここは乾燥《かんそう》がひどいわ
父《とう》さんも何《なに》考《かんが》えてんだかなぁ～
…
あなた…
私《わたし》にはわかるわ あなたが廃虚《はいきょ》となったソドムを見下《みお》ろせる場所《ばしょ》にもういたくなかった気持《きも》ち…

私《わたし》のせいだ…
もし私《わたし》が主《しゅ》に十人《にん》ではなく一人《ひとり》の義人《ぎじん》と願《ねが》い出《で》ていればソドムは滅《ほろ》びることはなかった…
私《わたし》がもっと執《と》り成《な》していれば…
ロトは助《たす》かったとはいえせっかくメソポタミア連合軍《れんごうぐん》から救《すく》った人々《ひとびと》も街《まち》も何《なに》もかも消《き》えてしまった
だんな様《さま》ゲラルの要塞都市《ようさいとし》の近《ちか》くです
お気《き》をつけください
？
この辺《あた》りはゲラルの王《おう》アビメレクの領土《りょうど》ってことですよ
アビメレクといえば国民《こくみん》の信頼《しんらい》の篤《あつ》い王《おう》と聞《き》いています
そんなことはわかっている

あとで地元《じもと》の者《もの》ともめ事《ごと》が起《お》こらないようにまずは王宮《おうきゅう》に挨拶《あいさつ》に行《い》くのがよろしいかと…
そ、そうか
アブラハムたちは街《まち》に入《はい》るとまず王《おう》に礼《れい》を尽《つ》くすためにアビメレクに会《あ》いにいった
ほう、そなたがアブラハムか
は、はい
牧草地《ぼくそうち》を求《もと》めてヘブロンからやってまいりましたしばらくの間《あいだ》こちらでの滞在《たいざい》をお許《ゆる》しいただきたく…
じぃ…

そなたの噂《うわさ》は聞《き》いておるぞ
二十年前《ねんまえ》、あのメソポタミアの連合軍《れんごうぐん》と一戦《いっせん》交《まじ》えて勝利《しょうり》したとか…
えっ!?
やっ! あの時《とき》はもう必死《ひっし》で
たいした者ではございません
ただの遊牧民《ゆうぼくみん》でないことはわかっている
さてどうするかなそなたの牧童《ぼくどう》の規模《きぼ》と戦闘能力《せんとうのうりょく》…
我《わ》が国《くに》の腹《はら》の中《なか》に抱《かか》え込《こ》んではとんだ痛手《いたで》を負《お》うかもしれぬのう…
そ、それは王《おう》の買《か》いかぶりでございまする
さすがゲラルの王《おう》アビメレク…そこに目《め》をつけたか…
まずい展開《てんかい》だ…
ここで王《おう》の不信《ふしん》を買《か》えば我々《われわれ》はただでは帰《かえ》してもらえなくなるぞ

創世記 20：1

ところでアブラハム
そなたの後《うし》ろで
顔《かお》を伏《ふ》せている
女《おんな》は何者《なにもの》だ？
え!?
面《おもて》を上《あ》げる
がよい
……
!
ドキ…
そなた、
名《な》は何《なん》と
申《もう》す？
……
私《わたし》の――…
あっあ
この者《もの》はサラと
いいまして

創世記 20：1

妹《いもうと》です
ビクッ
へ!?
ほう！ そなたの妹《いもうと》か!!
それは まことだな？
あ…はい… こ…この人《ひと》は 兄《あに》です
トン
…
ほお〜 これはなかなかの 美女《びじょ》だ…
あ、 ありがとう ございます
あっちゃー また だんな様《さま》の クセが…
ポン
どう だろう？
そなたと 私《わたし》の友好《ゆうこう》の 証《あか》しにサラを 私《わたし》にくださら ぬか？
…あ…
そ、そ、そ、 それはもう…

創世記 20：2

喜《よろこ》んで!!
な、何《なに》ィ～!?
こうしてアブラハムは以前《いぜん》犯《おか》した失敗《しっぱい》をここゲラルでもしでかした
ぼーぜん
何《なん》かこのシチュエーション懐《なつ》かしい
これは何《なに》かの間違《まちが》いだ これは何《なに》かの間違《まちが》いだ
ブツブツブツ
これは何《なに》かの～
だんな様《さま》…
お、落《お》ち着《つ》いてください
こ、これが落《お》ち着《つ》いていられるか!!

創世記 20：2

一度《ど》ならず二度《ど》までも
妻《つま》をよその王《おう》に嫁《よめ》に出《だ》す約束《やくそく》をしてしまったのだぞ～
と、とにかく対策《たいさく》を考《かんが》えましょう!!
今ならまだなんとかなるかも！
サラ様《さま》も一緒《いっしょ》に…
まっ白・・・
…
サラ様《さま》もしっかりしてください!!
ワ～～ッ
エリエゼルの心配《しんぱい》をよそにアブラハムもサラもこのことに関《かん》して何《なん》の手立《てだ》てもなく…
後日《ごじつ》アビメレクの使《つか》いの者《もの》がやって来《き》て
サラは王宮《おうきゅう》に召《め》し入《い》れられてしまった…

……
パッパカ…
パッパカ
なぁ…エリエゼル…あいつは私《わたし》の十歳《さい》年下《としした》だったよなぁ…
ということは…
ヒュ――……
はい…もうすぐ九十歳《さい》ですよねサラ様《さま》って…
わ、私《わたし》がもっと気《き》をつけるべきでした…いくらサラ様《さま》がお年《とし》を召《め》しているとはいえあの美貌《びぼう》ですから…
行ってきまーす 早くむかえに来てね
放心状態の花嫁姿のサラ →
そうなのだ…子《こ》どもが与《あた》えられるという希望《きぼう》をもってからのあいつはみるみると若《わか》さを取《と》り戻《もど》し――…
はっ
――って子《こ》ども

創世記 20：2

ヤハウェ様《さま》私《わたし》がバカでした
ヤハウェ様《さま》私《わたし》がバカでした
助《たす》けてください今度《こんど》こそもうサラを離《はな》しませんから！
ヤハウェ様《さま》ぁ〜
そうだった約束《やくそく》の子《こ》ども〜〜〜!!
どーーーんっ
約束《やくそく》の子《こ》
たしか来年《らいねん》って主《しゅ》は言《い》ったんですよねアハハ…
その後《ご》の展開《てんかい》はエジプトのときとほぼ同《おな》じで…
ヤハウェの介入《かいにゅう》によりアビメレクの家《いえ》の家畜《かちく》や妻《つま》たちに子《こ》どもができなくなった
サラが王宮《おうきゅう》に来《き》てしばらくたって…

う…う〜ん
きもちわる〜〜〜
胃がいたーい、
アビメレクの体調《たいちょう》は思《おも》わしくなかった
アビメレクよ
おまえは召《め》し入《い》れた女《おんな》のために死《し》ななくてはいけない
あ…あなたは…？

あの女《おんな》は夫《おっと》のある身《み》だ…
えっ ええー!?
ちょ、ちょっと待《ま》ってください！私《わたし》は確《たし》かにサラを召《め》し入《い》れましたが
そ、そんなこと知《し》りませんでした!!
それに私《わたし》はここのところ体調不良《たいちょうふりょう》でまだ彼女《かのじょ》には手《て》を触《ふ》れてないのですよ
主《しゅ》よ!! あなたは正《ただ》しい国民《こくみん》を殺《ころ》されるというのですか？
アブラハムは私《わたし》に「これは私《わたし》の妹《いもうと》だ」と言《い》ったんですよ

創世記 20：3-5

それに彼女自身《かのじょじしん》も「これは自分《じぶん》の兄《あに》だ」と言《い》いました
私《わたし》は正《ただ》しい心《こころ》と汚《けが》れない手《て》でこのことをしてきたんです
きっぱり
そうだ、わたしはおまえが正《ただ》しい心《こころ》でサラを召《め》し入《い》れたことを知《し》っていた
だからおまえがわたしに罪《つみ》を犯《おか》さないように
おまえが彼女《かのじょ》に触《ふ》れることがないようにわたしがしていたのだ…
アビメレクよ！今《いま》アブラハムの妻《つま》を返《かえ》して命《いのち》を得《え》るのだ

創世記 20：5-7

あの者《もの》は預言者《よげんしゃ》であって
おまえのために
祈《いの》ってくれるだろう
だがもしおまえがサラを
返《かえ》さねば、おまえと
おまえに属《ぞく》するすべての者《もの》は
必《かなら》ず死《し》ぬことをわきまえよ
えっええー!?
ちょっとー
彼《かれ》が
預言者《よげんしゃ》…?
チュン
チュンチュン
…
ぶる
た…
ぶる
ぶる
大変《たいへん》だあ〜

創世記 20：7

アビメレクはすぐに大臣《だいじん》たちを全員《ぜんいん》呼《よ》び寄《よ》せた
そして夢《ゆめ》で見《み》たことを通《とお》して自分《じぶん》と自分《じぶん》の妻《つま》たちに起《お》きた異変《いへん》の説明《せつめい》をした
なるほど これですべて つじつまが合《あ》う
と、言《い》うと これは 呪《のろ》い!?
属《ぞく》する者《もの》も 死《し》ぬって…我《われ》らも…?
この話《はなし》を聞《き》いて彼《かれ》らは非常《ひじょう》に恐《おそ》れた
王《おう》よ! 一刻《いっこく》も早《はや》く あの預言者《よげんしゃ》に 祈《いの》らせ呪《のろ》いを 解《と》かせましょう
そんな ことより
ゴゴゴゴゴ……
アブラハムの 口《くち》から直接《ちょくせつ》
この事態《じたい》について 説明《せつめい》を聞《き》きたい!!

アーブーラーハームゥ〜〜
ひぇぇぇ…
そなたは
ゴゴゴゴゴ
なんということを私《わたし》とこの王国《おうこく》にしてくれたのだぁ〜
この胃の痛みジーーンくれよ〜〜!!
何《なん》の罪《つみ》もない私《わたし》に自分《じぶん》の妻《つま》をよこすとは〜!!!
そなたはしてはならないことを私《わたし》にしたのだぞ!!

創世記 20：9

一体《いったい》どーゆうつもりで
こんなことをしたのか
聞《き》かせてもらおう
ポキ
ポキッ
お、落《お》ち着《つ》いて
ください
王《おう》よ！
私《わたし》には悪気《わるぎ》は
なかったんです!!
悪気《わるぎ》がなかった
だとぉ～!?
ひぃええ
は、はい
この地方《ちほう》は神《かみ》を畏《おそ》れるという
習慣《しゅうかん》がまったくないので
人々《ひとびと》が外国人《がいこくじん》である私《わたし》を
妻《つま》欲《ほ》しさに殺《ころ》すと
思《おも》ったのです!!
また本当《ほんとう》にあれは
私《わたし》の妹《いもうと》なのです！
あの女《おんな》は私《わたし》の
父《ちち》の娘《むすめ》ですが
母《はは》の娘《むすめ》じゃ
ありません!!
それが私《わたし》の妻《つま》に
なったんです!!
そんなこと
聞《き》きたいん
じゃねーよ

神《かみ》が私《わたし》をさすらいの旅《たび》に出《だ》された時《とき》
私《わたし》はサラに…
どうか私《わたし》を愛《あい》していると思《おも》うなら私《わたし》たちが行《い》くどこでも私《わたし》のことを兄《あに》だと言《い》ってくれー
お前がかわいすぎて私は殺されるかもーッ
ちっ
もーしょーがないわね
――って頼《たの》んでいたんです!!
そ、そんな理由《りゆう》…? マジか…
ピク
ピク
ピク
もっ
もうよいわ…
へ?

創世記 20：13

食《く》えない男《おとこ》と聞《き》いてたので
ピク
てっきり妻《つま》を使《つか》ってこの国《くに》をスパイするなどといった策略《さくりゃく》があったのかと思《おも》ったが…
ピク
ムダな心配《しんぱい》だったかも…
はぁ〜
?
?
パン
パン
はっ
サラと例《れい》の物《もの》を用意《ようい》しろ
はっ
アブラハムこっちへ来《こ》い
は…
はい

創世記 20：14

メェ〜
メェ〜
これは私《わたし》からのほんの気持《きも》ちだ
へっ!?
モオ〜…
モオ〜…
いいかアブラハム私《わたし》を見《み》くびってもらっては困《こま》る…私《わたし》は夫《おっと》のある身《み》の女《おんな》を無理《むり》やり奪《うば》うなど不正義《ふせいぎ》は絶対《ぜったい》やらぬ
だから私《わたし》が悪《わる》くない証《あか》しとして受《う》け取《と》れ！
あっ はイ
アブラハム!!
サ、サラ!!

アブラハムゥ
サラー
おうっ
ガッ
もー今度《こんど》という今度《こんど》は赦《ゆる》さないわよ
…
私《わたし》を二度《ど》もこんな目《め》に遭《あ》わせてぇ～
ボカ
ボカ
ボカ
こ、怖《こわ》～
あーっ…
ゴホン
ゴホン
サラよ
そなたには迷惑《めいわく》をかけたな
ここにある銀《ぎん》千枚《まい》をそなたの兄《あに》に与《あた》える
チャラッ
え?!
これはそなたと私《わたし》の間《あいだ》には何《なに》もなかったという証明《しょうめい》になり

創世記 20：16

そなたを守《まも》るものとなろう
あ…
は、はい
ニコ…
よしっ
パ
これですべては正《ただ》しいとされよう!
一件落着《いっけんらくちゃく》!!
その後《ご》アブラハムはアビメレクのために祈《いの》った
ハハハハハ…

創世記 20：16、17

そしてその祈《いの》りは
直《ただ》ちに
ヤハウェに聴《き》かれ
アビメレクとその妻《つま》たちは
癒《い》やされた。
ここにアブラハム契約《けいやく》がどんなものであったか
具体的《ぐたいてき》に見《み》ることができる
アビメレクは
知《し》らなかったとはいえ
サラがアブラハムに
約束《やくそく》の子《こ》を産《う》む邪魔《じゃま》をした
それにより自分《じぶん》と
自分《じぶん》の家族《かぞく》に
危機《きき》を招《まね》いて
しまったのである
そしてこの事件《じけん》の
結果《けっか》は―…
ヤハウェの祝福《しゅくふく》により
エジプトのときと同《おな》じように
多《おお》くの財《ざい》を受《う》け取《と》り
アブラハムはますます
富《と》んでいったのである…
また羊や牛や奴隷を
もらってしまった
ゾロ ゾロ…
デジャヴ
か…

創世記 20：17、18

ここでエジプトの事件《じけん》とゲラルでの事件《じけん》の違《ちが》いを検証《けんしょう》すると
それは言《い》うまでもなく
当然《とうぜん》♡
ファラオとは違《ちが》うアビメレクの王《おう》としての器《うつわ》の大《おお》きさであろう
エジプトのファラオは怒《いか》りにまかせてアブラハムをエジプトから追《お》い出《だ》すことしかできなかったが…
しかしアビメレクは…
見《み》よ そなたの前《まえ》に私《わたし》の領地《りょうち》が広《ひろ》がっている

創世記20：15

牧草《ぼくそう》を求《もと》めて来《き》たと言《い》うならば
そなたがよいと思《おも》う所《ところ》に好《す》きに住《す》むことを許《ゆる》そう
えぇっ？いいんですか!?
い、いい人《ひと》お～
この事件《じけん》の非《ひ》はアビメレクにないのにアビメレクは進《すす》んでアブラハムと良《よ》い関係《かんけい》を築《きず》いていったのである
あ、ありがとうございます
こいつには良《よ》くしておかねば私《わたし》が神《かみ》の怒《いか》りを買《か》う
賢王
ずーーーん
……
だんな様《さま》らくだにめり込《こ》むのはやめてください
だって私《わたし》はあのアビメレクと比《くら》べたら～情《なさ》けなくて恥《は》ずかしくて…
たしかに～すっげーいい訳してたもんな
あれは本当《ほんとう》に私《わたし》の妹《いもうと》なんです
小《ちい》さい男《おとこ》

創世記 20：15

一度《ど》ならず二度《ど》までも！
どうしてヤハウェ様《さま》はこんな人《ひと》をお選《えら》びになったのかしら？
だよね？
でも信《しん》じてましたよ
へっ？
私《わたし》もヤハウェ様《さま》の約束《やくそく》を固《かた》く信《しん》じると決《き》めていたのですもの
だから
必《かなら》ずあなたのところに戻《もど》れると思《おも》っていましたよアブラハム♡
サラ…

創世記 20：15

こうしてアビメレクによる
試練《しれん》は終了《しゅうりょう》した
この出来事《できごと》の背後《はいご》に
女《おんな》の子孫《しそん》を産《う》ませまい
とする霊的妨害《れいてきぼうがい》があった
ことは言《い》うまでもない…
チッ
その後《ご》
年《とし》が変《か》わり
ヤハウェの
約束通《やくそくどお》り
サラに男《おとこ》の子《こ》が
生《う》まれた!!

創世記 21：1、2

アブラハム夫婦《ふうふ》にとって
まさに奇跡《きせき》の
出来事《できごと》であった
この時《とき》
アブラハム百歳《さい》
サラ九十歳《さい》
ザッ
ザッ

創世記 21：1-3

※「訪問《ほうもん》する」の意《い》。

ヤハウェ様《さま》
この子《こ》をあなたにおゆだねします
ふぎゃあああぁ
おおっ無事おわったな
神《かみ》は私《わたし》に笑《わら》いを下《くだ》さいました！
一年前《ねんまえ》ヤハウェ様《さま》が私《わたし》たちの前《まえ》に現《あらわ》れたエピソードを話《はな》せばみんなも笑《わら》うでしょうね！

創世記 21：4-6

創世記 21：6、7、ローマ 4：17-27

その後《ご》イサクは順調《じゅんちょう》に育《そだ》っていった…
だー
だー
……
それをよそ目《め》にハガルとイシュマエルは複雑《ふくざつ》な心境《しんきょう》だった…
ちやほや
イサク様《さま》そっちは危《あぶ》ないですよ
さーさ、お父様《とうさま》のところに行《い》きましょう！
かわいー♡
カタン
トントン
なんでーあいつら…
ちょっと前《まえ》までオレが約束《やくそく》の子《こ》どもだったのに…
それがイサクが生《う》まれた途端《とたん》
奴隷《どれい》の息子《むすこ》扱《あつか》いしやがって…
イラッ
母さんだってかわいそーだ
カタン
カタン

創世記 21：8

おー
イシュマエル
最近《さいきん》どうした？
狩《か》りには
行《い》かんのか？
父《とう》さん！
んー…
ここのところ
あんまやる気《き》
出《で》なくて…
どーした
おまえらしくない！
イシュマエル
ぼっちゃん
よろしければ
私《わたし》がまた
お供《とも》しますよ♡
え～また
おまえとぉー
やー
だね
ハハハ
こら！
イシュ
マエル!!
エリエゼル弓
へただもん

創世記 21：8

いいんですよ だんな様《さま》
そーは いかんぞ エリエゼル
最近《さいきん》反抗期《はんこうき》なのか イシュマエルの 大人《おとな》への態度《たいど》が 悪《わる》すぎる
ムリもありませんよ イサク様《さま》が お生《う》まれになって 以来《いらい》状況《じょうきょう》が 変《か》わり始《はじ》めて ますからね
ま、まあ そうだが…
私《わたし》はな イシュマエルにも幸《しあわ》せに なってもらいたいんだ
私《わたし》の息子《むすこ》として それ相応《そうおう》のものを 受《う》け継《つ》がせたいと 願《ねが》っているし
なんと言《い》っても 私《わたし》にとっては初《はじ》めての 息子《むすこ》だからな
そうですね

創世記 21：8

あの～
だんな様《さま》
イサク様《さま》の乳離《ちばな》れの
お祝《いわ》いパーティーの
打《う》ち合《あ》わせを
おー
そうだった
そうだった
パン
パン
パン
パン
ワイ
ワイ
ワイ
ワイ
イサクが乳離《ちばな》れを迎《むか》えた
その日《ひ》（三～五歳頃《さいごろ》）
アブラハムは祝《いわ》いのために
盛大《せいだい》な宴会《えんかい》を催《もよお》した
ワイ
ガヤ
ガヤ
ワイ

イサク様《さま》おめでとうございます
ナツメヤシで作《つく》ったお菓子《かし》はいかがですか？
わーおいしそう
イサクは何《なん》でも食《た》べられるようになったなぁ
いっぺんにお口《くち》の中《なか》に入《い》れちゃダメよ
ちぇっなんだよ俺《おれ》がガキの頃《ころ》こんなでかいパーティしてもらったことねーぞ
くそぉ、あいつが生《う》まれてから何《なに》もかも狂《くる》ってきちまったぜ
ねーイシュマエルぅ
お
おう！
私《わたし》たちと一緒《いっしょ》にごちそー食《た》べよーよぉ

創世記 21：8

これ おいしかったから イシュマエル兄《にい》たんに持《も》ってっていい？
おお いいとも
きゅっ
にーたーん
ゲッ 来《き》た
サッ
なーに すっころんでんだ イサク～
おっと
サッ
きゃっ
ボテッ
コロ
コロ
コロ
あ～あ 全部《ぜんぶ》バラバラかよ～
ドジなヤツだな～
クス
クス
あっ

何《なに》い?!
ハガルとイシュマエルを追《お》い出《だ》せだと!?
……
今日《きょう》イシュマエルがイサクをからかっている姿《すがた》を見《み》たわ!
今日《きょう》だけじゃない 私《わたし》は何度《なんど》もそういう場面《ばめん》を見《み》てきたけれど
今日《きょう》という今日《きょう》は許《ゆる》せないわ!! イサクの祝《いわ》いの日《ひ》だったというのにハガルは挨拶《あいさつ》にも来《こ》ないし!
あのはしためとあれの子《こ》どもを一緒《いっしょ》にすぐ追《お》い出《だ》すべきよ

創世記 21：10

あのはしための子《こ》どもは私《わたし》のイサクと一緒《いっしょ》に跡取《あとと》りになるべきじゃないわ!!
な…なんということを!!
あのはしための子《こ》どもとは何《なん》だ!!
イシュマエルだって私《わたし》の子《こ》どもなのに!!
そもそもおまえがハガルを私《わたし》に与《あた》えさえしなければ…
ぐっ
こんな…
くっ
!

創世記 21：10

バッ
外《そと》の風《かぜ》に当《あ》たってくる!!
あ……
…少《すこ》し言《い》い過《す》ぎた…
ザッ
ザッザッザッ
ガッ
私《わたし》はイサクがかわいいがイシュマエルも愛《あい》している

創世記 21：11

くそぉ
一体《いったい》どうしたらいいんだ!!
アブラハムよ…
あの少年《しょうねん》とおまえのはしためのことで悩《なや》んではいけない…
ヤハウェ様《さま》…
サラが言《い》うことを皆《みな》聞《き》き入《い》れなさい
もともとイサクから出《で》る者《もの》がおまえの子孫《しそん》と呼《よ》ばれる約束《やくそく》だった…

創世記 21：11、12

で、でも それではあまりにも イシュマエルが かわいそうです！
おまえの イシュマエルを 思《おも》う気《き》持《も》ち 私《わたし》はよく知《し》っている
だから彼《かれ》の 子孫《しそん》も一《ひと》つの 国民《こくみん》とする…
イシュマエルも おまえの息子《むすこ》 なのだから…
ヤッ ヤハウェ様《さま》
うわあああああ
アブラハムは 子《こ》どものように泣《な》いた…

創世記 21：13

初《はじ》めて親《おや》になる喜《よろこ》びを
与《あた》えてくれた我《わ》が子《こ》のために
泣《な》き続《つづ》けることしか
できなかった…
チャプン
タプン

創世記 21：14

創世記 21：14

くっ
お父《とう》さん…
こうしてハガルとイシュマエル親子《おやこ》は出《で》ていった
アブラハムは地平線《ちへいせん》から親子《おやこ》が見《み》えなくなるまで立《た》っていた
ドッ
イシュマエル
イシュマエル
ううううう…
この出来事《できごと》はあまりにもつらい人生《じんせい》の学《まな》びだった…

創世記 21：14

うおおおおぅ
神《かみ》の人《ひと》アブラハムが神《かみ》に従《したが》いきれず自分《じぶん》のやり方《かた》に妥協《だきょう》するときアダムとエバのように取《と》り返《かえ》しのつかない事態《じたい》を招《まね》くという…
それはサラにとっても同《おな》じだった
…
かくしてアブラハム、サラ、ハガル、イシュマエルの四人《にん》の心《こころ》の中《なか》に一生《いっしょう》消《き》えない痛《いた》みが残《のこ》った…
この痛《いた》みは五千年《ねん》たった現在《げんざい》もパレスチナの地《ち》において影響《えいきょう》を残《のこ》している…

創世記 21：14

カーン…
ハァ
ハァ
ハァ
母《かあ》さん…さっきから同《おな》じ所《ところ》を歩《ある》いてない？
風景《ふうけい》に見覚《みおぼ》えがある…
そ、そうね
ゴク
ゴク
ゴク
昼間《ひるま》の暑《あつ》い時間《じかん》は歩《ある》いちゃだめだ

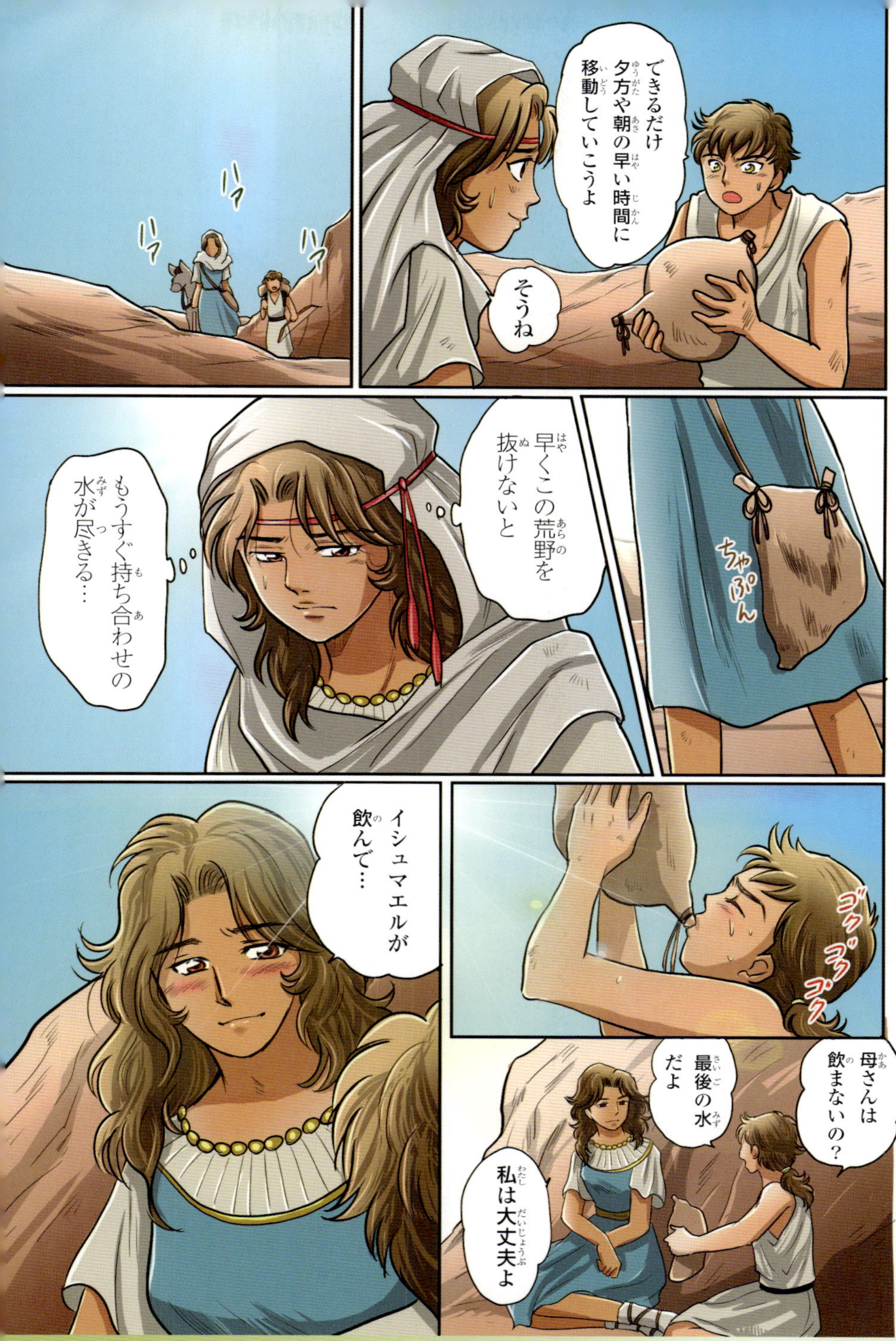
ハァ
ハァ
ハァ
できるだけ夕方《ゆうがた》や朝《あさ》の早《はや》い時間《じかん》に移動《いどう》していこうよ
そうね
ちゃぷん
早《はや》くこの荒野《あらの》を抜《ぬ》けないと
もうすぐ持《も》ち合《あ》わせの水《みず》が尽《つ》きる…
イシュマエルが飲《の》んで…
ゴク
ゴク
ゴク
母《かあ》さんは飲《の》まないの？
最後《さいご》の水《みず》だよ
私《わたし》は大丈夫《だいじょうぶ》よ

創世記 21：14

カーン
昼間《ひるま》休《やす》んでちゃだめだわ！
ハァハァハァ
早《はや》くオアシスがある所《ところ》まで行《い》かないと！
ドサッ
！
ああ～イシュマエル!!
イシュマエル!!
ハッ
ハッ
ハッ

創世記 21：14

創世記 21：15

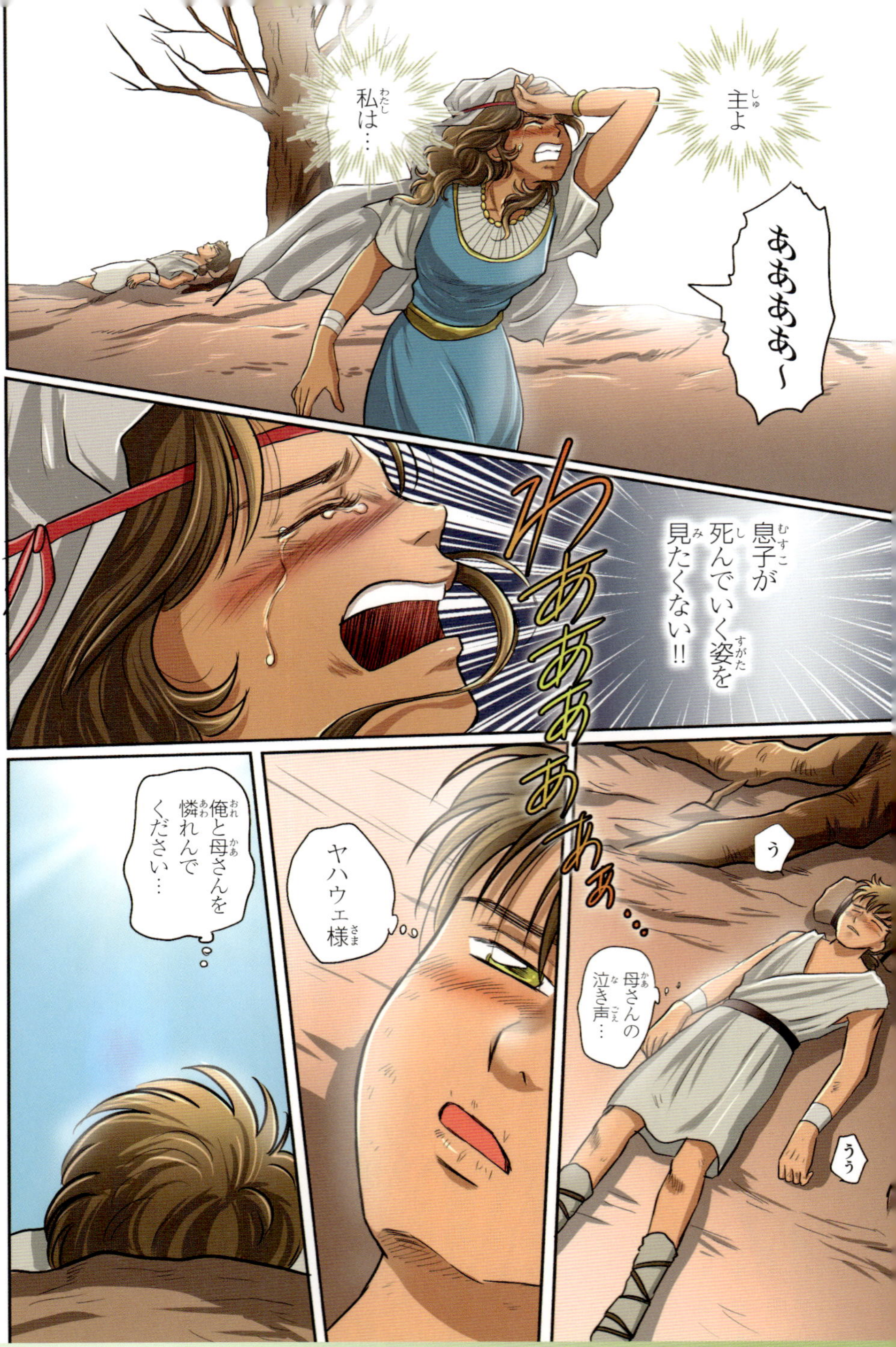
主《しゅ》よ
私《わたし》は…
ああああ〜
息子《むすこ》が死《し》んでいく姿《すがた》を見《み》たくない!!
わあああああぁ…
う
うう
母《かあ》さんの泣《な》き声《ごえ》…
ヤハウェ様《さま》
俺《おれ》と母《かあ》さんを憐《あわ》れんでください…

創世記 21：15、16

俺《おれ》…自分勝手《じぶんかって》で
わがままだったけど
この荒野《あらの》を抜《ぬ》けたら…
きっと…
きっと母《かあ》さんを
もう泣《な》かせない
う…うううう…
あああああ
ハガルよ
!
どうしたのだ？
恐《おそ》れては
いけない

創世記21：16、17

行《い》って
あの少年《しょうねん》を起《お》こして
彼《かれ》を励《はげ》まして…
!!
わたしは必《かなら》ず
あの子《こ》を
大《おお》きな国民《こくみん》に
する
ああ!
あの時《とき》の鳥《とり》!!

創世記 21：18

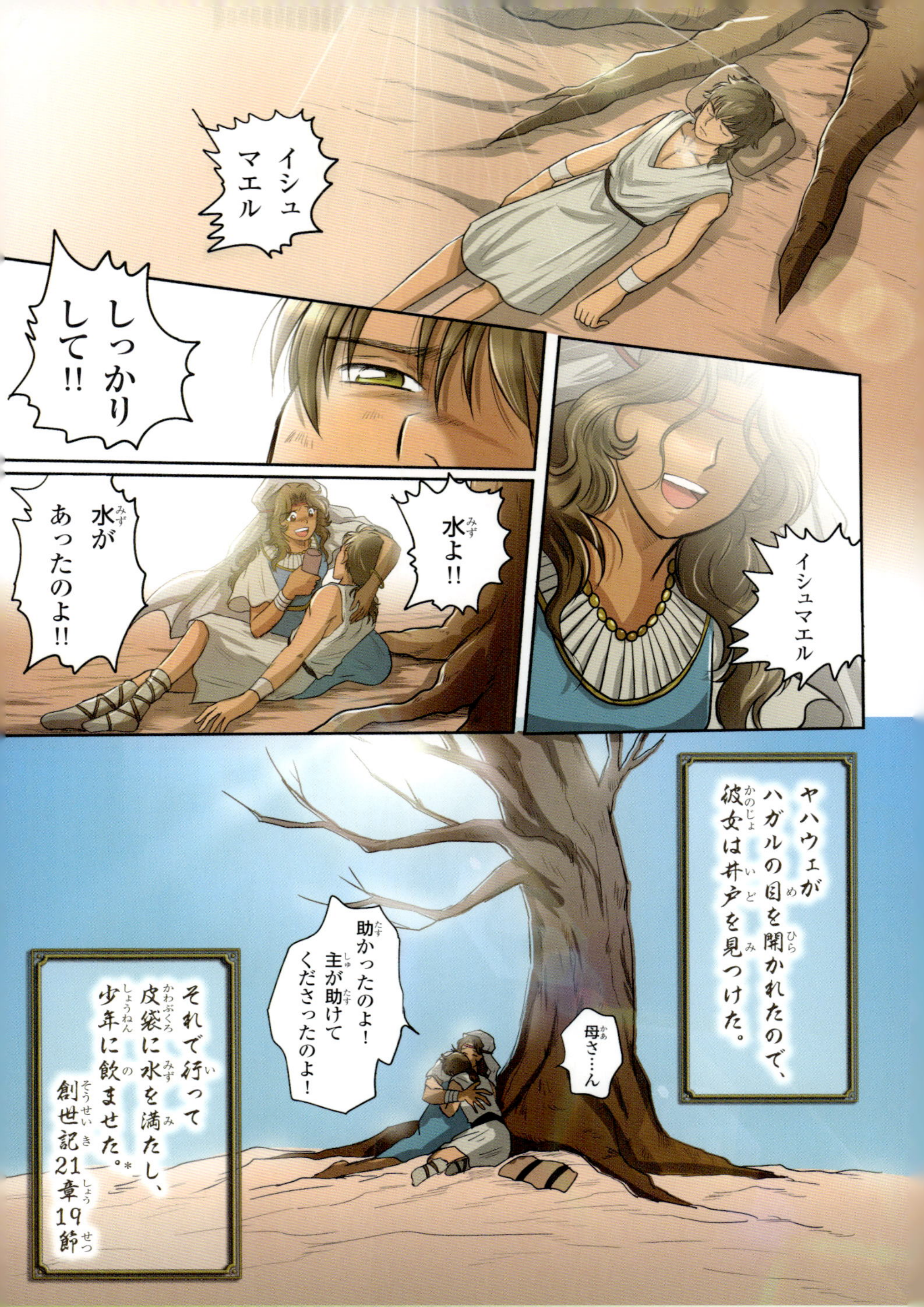
イシュマエル
しっかりして!!
イシュマエル
水《みず》よ!!
水《みず》があったのよ!!
ヤハウェがハガルの目《め》を開《ひら》かれたので、彼女《かのじょ》は井戸《いど》を見《み》つけた。
母《かあ》さ…ん
助《たす》かったのよ！主《しゅ》が助《たす》けてくださったのよ！
それで行《い》って皮袋《かわぶくろ》に水《みず》を満《み》たし、少年《しょうねん》に飲《の》ませた。*
創世記《そうせいき》21章《しょう》19節《せつ》

ザッ
神《かみ》が少年《しょうねん》とともにおられたので、彼《かれ》は成長《せいちょう》し、荒野《あらの》に住《す》んで、弓《ゆみ》を射《い》る者《もの》となった。
こうして彼《かれ》はパランの荒野《あらの》に住《す》みついた。
彼《かれ》の母《はは》は彼《かれ》のためにエジプトの国《くに》から妻《つま》を迎《むか》えた。
キリ
キリ
キリ
こうして
イシュマエルもまた栄《さか》え…
百三十七歳《さい》まで生《い》きた
パン

創世記 21：20、21

第《だい》5章《しょう》　ベエル・シェバ

Be'er Sheva

アビメレク
Abimelech

ヒュウウウウウ
あ
あ…
ああ…
なんてことするんだ
うちの牧羊犬《ぼくようけん》を
とっととうせなよそ者《もの》め
その犬《いぬ》っコロみたいになっちまいたくなければ
俺《おれ》たちにここを渡《わた》せ！
ヒヒヒヒ

創世記 21：25

ア
アブラハム様《さま》ー
何《なに》？井戸《いど》を奪《うば》われた？
はい 私《わたし》たちが苦労《くろう》して掘《ほ》り当《あ》てた井戸《いど》を
アビメレクの配下《はいか》の者《もの》が力《ちから》ずくで…
なんと…
ここカデシュとシュルの地《ち》は乾燥地帯《かんそうちたい》
井戸《いど》の水《みず》の供給《きょうきゅう》が得《え》られなければ家畜《かちく》たちは死《し》んでしまいます

創世記 21：25

どうしますか？
井戸《いど》の件《けん》…
そうだなあ…
この地《ち》に来《き》て
数年《すうねん》たつが
なかなか安心《あんしん》して
住《す》む…というようには
いかんなあ…
向《む》こうは武力《ぶりょく》を
もって井戸《いど》を占拠《せんきょ》
したと聞《き》きます
これからはうちも
ある程度《ていど》は
武装《ぶそう》させる必要《ひつよう》が
あるかと思《おも》いますが
そ
それは
いかん
アビメレクの好意《こうい》で
我《われ》らがここに
滞在《たいざい》できていることを
忘《わす》れてはいけない
私《わたし》のほうから
折《お》りを見《み》て
アビメレクに
話《はな》しにいこう…

創世記 21：25

アブラハムが思《おも》い巡《めぐ》らしているうちにアビメレクのほうからアクションがあった
た、大変《たいへん》です アブラハム様《さま》
アビメレク様《さま》とお供《とも》の方《かた》たちが
よーう
達者《たっしゃ》にしておったか！アブラハムよ!!
ぶーっ
だーっ
!!
お〜サラ〜♡
そなたは相変《あいか》わらず美《うつく》しいのう〜♡
あれから二人《ふたり》に子《こ》どもができたって？いやー本当《ほんとう》にあの時《とき》サラを返《かえ》せてよかったよかった
ハミハハハ
ママあ〜 誰《だれ》？ この人《ひと》？

え…えーと… 今日《きょう》は突然《とつぜん》 何《なに》しに…？
そーだなー ちょっと そなたのここでの 暮《く》らしっぷりを 偵察《ていさつ》にな…
後《うし》ろで 睨《にら》みをきかせて いるのは誰《だれ》？
あー うちの将軍《しょうぐん》 ピコルだ
あ、あの
私《わたし》としては気軽《きがる》に そなたと茶《ちゃ》でも 飲《の》みたかっ たのだが
どーしても 護衛《ごえい》に ついてくるって 言《い》うんでね 兵士《へいし》たちも一緒《いっしょ》に 来《き》ちゃった
大丈夫《だいじょうぶ》かな だんな様《さま》
アビメレクと もめなきゃ いいけど…
しかし こうして見《み》ると すごい規模《きぼ》だな そなたのところは…

質《しつ》の良《よ》い
羊《ひつじ》と牛《うし》の群《む》れは
もちろん
しもべたちも
よく働《はたら》いて
まじめそうだ
そなたの神《かみ》は
そなたが何《なに》をしても
共《とも》におられるということが
よくわかる
そこで今《いま》
おりいって
頼《たの》みがある
は、
はい…
ここで神《かみ》によって
私《わたし》に
誓《ちか》ってほしい

創世記 21：23

私《わたし》と私《わたし》の身内《みうち》たちを決《けっ》して裏切《うらぎ》らないと
!
私《わたし》がそなたに尽《つ》くした真実《しんじつ》にふさわしく
そなたは私《わたし》にも、またそなたが滞在《たいざい》しているここゲラルにも真実《しんじつ》を尽《つ》くしてほしいのだ
どうかな？

創世記 21：23

それはもちろん
誓《ちか》います
我々《われわれ》はこの土地《とち》であなたの国民《こくみん》に迷惑《めいわく》をかけるようなことは一切《いっさい》しないしするつもりもない
しかし
一《ひと》つだけ困《こま》ったことがあるのですが…
よいですかナ…
な
何《なん》じゃ？申《もう》せ！
アブラハムはアビメレクの下僕《しもべ》が井戸《いど》を武力《ぶりょく》で奪《うば》っていったことについて抗議《こうぎ》した
それに対《たい》してアビメレクは——…
なんじゃ！そんなことまったく知《し》らなかったぞ！
一体誰《いったいだれ》じゃ!?人《ひと》が苦労《くろう》して掘《ほ》った井戸《いど》を横取《よこど》りするとは～
帰《かえ》ったらしらみ潰《つぶ》しにして探《さが》してやる！
正義感が強い

創世記 21：24、25

まったく申《もう》し訳《わけ》なかった
そなたに今日《きょう》聞《き》くまで
そんなことがあったとは
つゆとも知《し》らなかった
わかってくだされば
よいのです
ホッ
ではせっかく
王自《おうみずか》らここまで来《き》て
くださったことですし
問題《もんだい》の井戸《いど》を見《み》て
いただけますかな？
アブラハムと
アビメレクは
こうして
現場《げんば》へと
向《む》かった…
ほうここが
その井戸《いど》か…
はい

おっ？
この家畜《かちく》は何《なん》じゃ？
すべてうちで育《そだ》てた上等《じょうとう》の牛《うし》と羊《ひつじ》です全部《ぜんぶ》受《う》け取《と》ってください
そして…
ホイ
ホイ
何《なん》じゃ？なぜ七頭《とう》の雌《めす》の子羊《こひつじ》だけ分《わ》けるのだ？
これは証拠《しょうこ》になるためにです

創世記 21：27-29

先《さき》に差《さ》し出《だ》した牛《うし》や羊《ひつじ》は あなたとあなたの身内《みうち》の方《かた》を 裏切《うらぎ》らないという 契約《けいやく》のために
そしてこの七頭《とう》の雌《めす》の子羊《こひつじ》は 私《わたし》がこの井戸《いど》を掘《ほ》ったという 証拠《しょうこ》となるために
どうか私《わたし》の 手《て》から受《う》け取《と》って ください
なるほど
ニコ
ならば 喜《よろこ》んで
この取引《とりひき》は 公《おおやけ》の場《ば》で行《おこな》われた ゆえにこの場所《ばしょ》は ベエル・シェバ（誓《ちか》いの井戸《いど》） と呼《よ》ばれるようになった

創世記 21：30、31

聖書《せいしょ》の中《なか》にしばしば「ダンからベエル・シェバまで」
という表現《ひょうげん》が出《で》てくる
これはイスラエルで
「北《きた》から南《みなみ》まで」を
意味《いみ》することばである※
ダン
死海《しかい》
ベエル・シェバ
そして今《いま》でももちろん
このベエル・シェバには
アブラハムが掘《ほ》ったとされる
井戸《いど》が残《のこ》っている
アビメレクとの
平和的《へいわてき》契約《けいやく》以降《いこう》
アブラハムはここに
柳《やなぎ》の木《き》を植《う》えた
木《き》を植《う》えるという行為《こうい》は
アブラハムがここで定住《ていじゅう》する
という意思《いし》の表《あらわ》れだった
アブラハムはこの契約《けいやく》以降《いこう》
この場所《ばしょ》を礼拝場《れいはいじょう》とし
永遠《えいえん》の神《かみ》ヤハウェの
御名《みな》によって祈《いの》った…

創世記21：33、34

※日本《にほん》で言《い》えば、「北海道《ほっかいどう》から沖縄《おきなわ》まで」といったニュアンス。

クックックックックッ
アビメレク様《さま》何《なに》がそんなにおかしいのですか？
ピコルよアブラハムを見《み》てそちはどう思《おも》った？
……
あの男《おとこ》…初《はじ》めて会《あ》った時《とき》から食《く》えない奴《やつ》と警戒《けいかい》しておったがな…やっぱり…
まったくおもしろい男《おとこ》を腹《はら》に抱《かか》えることができて愉快《ゆかい》愉快《ゆかい》
奴《やつ》にはヤハウェの知恵《ちえ》も備《そな》わっておるようじゃったなあ
ハハハハハ……
アビメレク様《さま》…
こうしてアブラハムたちはここゲラルの地《ち》でも平和的《へいわてき》に住《す》み時《とき》は過《す》ぎていった…

創世記 21：32

第《だい》6章《しょう》　モリヤの山《やま》

Mount Moriah

ハァ
ハァ
ハァ
待《ま》って！
兄《にい》さん
ハァ
ハァ
ハァ
ねぇ！
ハラン
兄《にい》さん
アブラム！
よかった
追《お》いついて！
ハァ
ハァ
ハァ
スッ

あ、あれ？
父《とう》さん?!
二人《ふたり》してどこへ
ササッ
伯父《おじ》さんこっちだよ！
ロトォ!?

何《なん》だ?
みんなして私《わたし》を置《お》いていこうっていうのか?
お父《とう》さん…
イッ
イシュマエル?
い…行《い》かないでくれイシュマエル
イシュマエル
さよならお父《とう》さん
ごめんね…
イ
イシュマエル!!

行《い》かないでくれ!!
みんな!!
みんな家族《かぞく》じゃないか!
みんな私《わたし》の愛《あい》する…
…大切《たいせつ》だった…
くっ

※アラム語《ご》で、子《こ》どもが親《した》しみを込《こ》めて父《ちち》を呼《よ》ぶことば。

ずっと…
ずっと…
う
う…う
サワ
サワ
サワ
やなぎ…？
お父《とう》さん
言《い》われたとおり家畜《かちく》の水《みず》やり終《お》わりましたよ
あ？ああ…

何《なん》だ…
ベエル・シェバの
柳《やなぎ》の木《き》か…
しっかりして
くださいよ
お父《とう》さん！
ずいぶんうなされてた
みたいですけど
大丈夫《だいじょうぶ》
ですか？
イサク…
おまえよく見《み》ると
しぐさが
ハラン兄《にい》さんに
似《に》てるのだナ…

え？
あのウルで亡《な》くなったっていう？
ああ…少《すこ》し昔《むかし》の夢《ゆめ》を見《み》ていたよ
イサクゥー アブラハムゥー
ランチこしらえてきたわよーっ
あっ
お母《かあ》さん!!
だけど
この柳《やなぎ》の木《き》もおっきくなったわよねー
あ、これ僕《ぼく》が小《ちい》さい頃《ころ》に植《う》えたんだよね？お父《とう》さん
ああ

※アブラハムがこの後《ご》、イサクをいけにえとしてささげるように、という神《かみ》の試練《しれん》を受《う》けたのは、イサクが成人《せいじん》してからとする説《せつ》、幼少《ようしょう》の頃《ころ》とする説《せつ》、諸説《しょせつ》ある。本作《ほんさく》では前者《ぜんしゃ》を採用《さいよう》。

大《おお》きくなったわね
私《わたし》たちのイサクは
ああ
あらやだ
ホント！
あのおっとりした性格《せいかく》…
何《なん》だかハラン兄《にい》さんに
似《に》てないか？
私《わたし》たちの生《う》まれ故郷《こきょう》の
カルデヤのウルは
今頃《いまごろ》どうなってる
かしら？
さあな
ナホル兄《にい》さん
とこはカランの
街《まち》だしな

知《し》ってるか？この間《あいだ》
旅《たび》の商人《しょうにん》から聞《き》いたんだが
ナホル兄《にい》さん、ハラン兄《にい》さんの娘《むすめ》
ミルカと結婚《けっこん》したんだって！
ええ!?
ミルカと!?
それで
ミルカの奴《やつ》
息子《むすこ》を何人《なんにん》も
産《う》んだって…
ええーっ
そんなこと
ちっとも
知《し》らなかっ
たぁ〜
だよな
あーあ！
そんなこと
聞《き》くと
いつか親戚《しんせき》のみんな
にも会《あ》いたいわねー
私《わたし》たちの体《からだ》が
元気《げんき》なうちに
そーだな
そこでイサクの
お嫁《よめ》さんになって
くれる娘《むすめ》を見《み》つけ
られるといいわね
身内以外《みうちいがい》の
女《おんな》の子《こ》との
結婚《けっこん》は不安《ふあん》だし
うむ
私《わたし》もそんなことを
考《かんが》えていた
ところだよ

イサクもいい年《とし》になったからなあ！あとは早《はや》く孫《まご》の顔《かお》でも見《み》たいもんだな！
ええ
アブラハムよ
この声《こえ》は!!
はい！ここにおります!!
カタッ

お久《ひさ》しぶりです
ヤハウェ様《さま》!!
直接《ちょくせつ》お会《あ》いするのは何年《なんねん》ぶりでしょう!
アブラハム…
今日《きょう》は大切《たいせつ》なことを
伝《つた》えにきた
おまえの子《こ》…
おまえの愛《あい》する
ひとり子《ご》を連《つ》れて
モリヤの地《ち》に行《い》き
えっ…
今《いま》…何《なん》と…?
主《しゅ》…主《しゅ》よ…
おっしゃってることの意味《いみ》がよくわかりませんが…
そしてわたしが
示《しめ》す山《やま》へ登《のぼ》り
そこで全焼《ぜんしょう》の
いけにえとして
その子《こ》を
ささげなさい

イサクのことである!
ビクッ
おまえのイサクをわたしのために
いけにえとしてささげるのだ…
……

創世記 22：3

今日《きょう》はとっても早《はや》いのね？
イサクから聞《き》いたわ！これからモリヤの地方《ちほう》まで行《い》くんですって？
またヤハウェ様《さま》から語《かた》られたの？
本当《ほんとう》にうらやましいわ！あなたとヤハウェ様《さま》の関係《かんけい》って――…
あ…
ぎゅっ
サッ
あなた？

どうしたの？顔色《かおいろ》が悪《わる》いわ！
え？ ああ…そうか？
遅《おそ》くまで起《お》きていたから寝《ね》不《ぶ》足《そく》かな
今回《こんかい》は少《すこ》し長《なが》くハードな旅《たび》になりそうだから…
おまえの顔《かお》をちゃんと見《み》ておこうと思《おも》ったんだよ！
クス
あらやだ あなたったら

創世記 22：3

アブラハムはイサクと二人《ふたり》の若《わか》い従者《じゅうしゃ》を連《つ》れて朝早《あさはや》くベエル・シェバの地《ち》を出発《しゅっぱつ》した
モリヤの地方《ちほう》とは現在《げんざい》ではエルサレムの神殿《しんでん》の丘《おか》の場所《ばしょ》を指《さ》す
ベエル・シェバからモリヤの山《やま》まで約《やく》百キロ…
徒歩《とほ》でおよそ三日《みっか》かかる道《みち》のりだった
ハァ
ハァ
ハァ
ハァ
顔色《かおいろ》が悪《わる》くてようすがおかしい…
お父《とう》さん…家《いえ》を出《で》る時《とき》もそうだったけど
いつもはヤハウェ様《さま》のこととなるといきいきとして誰《だれ》よりも元気《げんき》がいいのに…
今回《こんかい》はどうしたんだろう…

ねぇ
お父《とう》さん！
この先《さき》に
いいオアシスが
あるんだ！
そこについたら
一息《ひといき》つこうよ!!
…
お父《とう》さん？
イサク…
イサク
まぁ～あなた
ちょっと
見《み》てよ!!
イサクが初《はじ》めて
つかまり立《だ》ちを
したわ！
かんげき♡
おお～っ
イサク!!
やったな！

あ…ば…
あ…
ぐらん
ガチャッ
キャーっ イサクゥ!!
おおおーっ イサク大丈夫《だいじょうぶ》だったか?!
アバー
アバー
ちょっと ケガはない
もう…
アバァー
ムリに お父《とう》さんの とこに歩《ある》こうと したのね～
アバァー
お父《とう》さん?

ちょっと お父《とう》さん！
大丈夫《だいじょうぶ》?!
大丈夫《だいじょうぶ》ですか だんな様《さま》は
ああ… 少《すこ》し疲《つか》れが たまっている みたいだ
本人《ほんにん》もちょっと休《やす》めば 大丈夫《だいじょうぶ》って 父《ちち》もなんだかんだ高齢《こうれい》だし
今日《きょう》はもう このまま このオアシスで 夜《よる》を過《す》ごそう
そーですかぁ ならよかった
だんな様《さま》にもしもの ことがあれば私《わたし》たち サラ様《さま》とエリエゼル様《さま》に 殺《ころ》されますぅ～
こらーっ
ポキ ポキ
ホッ
確《たし》かに…あの二人《ふたり》は うちの群《む》れで最強《さいきょう》…
ははは…
コク コクッ

あなた
あなた
ねぇ起《お》きてアブラハム!
ん?何《なん》だ?サラ
イサクが大変《たいへん》なの!!すごい高《たか》い熱《ねつ》で…
何《なん》だって!?

ハァ
ハァ
おいサラ！イサクはいつからこんな状態《じょうたい》なんだ？
三日前《みっかまえ》からよ！あなたがエリエゼルと街《まち》に行《い》ってる間《あいだ》に！下僕《しもべ》から、あなたがさっき遅《おそ》くに戻《もど》ってきたって聞《き》いて…
何《なに》を食《た》べさせても吐《は》いてしまうの！
今朝《けさ》からは水《みず》を飲《の》ませようとしても吐《は》いてしまう始末《しまつ》で
呼《よ》びかけても反応《はんのう》がないの!!
このままじゃ死《し》んでしまうわ！
私《わたし》どうしたらいいのか…もう
イサクを貸《か》せ！
あ、あなた

ア、アブラハム どこへ 行《い》くの!?
タッ タッ タッ タッ タッ
ヤッ
ヤハウェ様《さま》 イサクを!!

あなたはイサクを通《とお》して私《わたし》の子孫《しそん》をおびただしく増《ふ》やすと言《い》われました!!
あなたはその約束《やくそく》を守《まも》られる方《かた》
真実《しんじつ》なる神《かみ》
エル・シャダイ《全能の神》なるお方《かた》です!!

ヤハウェ様《さま》!!
ん…
！
ん…んん
ア…バ？
おお！イサク
体《からだ》の熱《ねつ》が引《ひ》いていく…
アバが助《たす》けてくれたの？
僕《ぼく》…アバが帰《かえ》ってくるの…待《ま》っていたんだ…
そ、そうか…
だって

お土産《みやげ》…
アバのお土産《みやげ》楽《たの》しみにしてたんだよ
こ…こいつは〜
バカモン!! 助《たす》けてくれたのはヤハウェ様《さま》だ!!
おまえが死《し》んだら土産《みやげ》も渡《わた》せなくなるだろ
アバ…大丈夫《だいじょうぶ》だよ
僕《ぼく》は約束《やくそく》の子《こ》どもだから…
死《し》んだりしないよ…
アバのそばにいるよ…

ずっと
ずーっと…
すー
すー
そうか…

こいつは約束《やくそく》の子《こ》…
人々《ひとびと》に本当《ほんとう》の笑顔《えがお》を届《とど》ける
イサク(笑《わら》い)じゃないか…
カーーン…
ザッ
ザッ
だんな様《さま》、旅《たび》の三日《みっか》めに入《はい》って何《なん》だか元気《げんき》になられたみたいだな
ああ！
相変《あいか》わらず厳《きび》しい顔《かお》つきにはお変《か》わりないが
まずはよかったよかった
…

創世記 22：4

お父《とう》さん…
あ
あそこ！サレムの街《まち》じゃね？
ヤハウェ様《さま》はこの地方《ちほう》の山《やま》のどこかを示《しめ》すと言《い》われたのですよね？

創世記 22：4

その山《やま》は一体《いったい》どこかなー
見てみたい！
！
お父《とう》さん
あの北《きた》の端《はし》の山《やま》か…
ヒュウウ
ウウウ
バチ
バチ
ボオオオオ…
おまえたち二人《ふたり》はここでロバと一緒《いっしょ》に残《のこ》りなさい
えっ？

そんな！ だんな様《さま》
ここまで来《き》たのに
置《お》いてけぼりですか？
ザッ
どうぞ気《き》をつけて
行《い》ってきてください
下僕《しもべ》はここで
待《ま》っています
うむ
私《わたし》と息子《むすこ》は
あそこに行《い》って
礼拝《れいはい》を済《す》ませたら
戻《もど》ってくる
はい！
おい何《なん》で
止《と》めるんだよ
おまえ
ヒソ
ヒソ
シッ
バカだな
よく見《み》ろ
だんな様《さま》の今回《こんかい》の
ようす 尋常《じんじょう》じゃ
なかっただろ…
あん？
松明《たいまつ》と
刀《かたな》は持《も》った
のに肝心《かんじん》の
いけにえを
連《つ》れてきて
ないじゃ
ないか…
あ、
ああ…
そう
いえば…

創世記 22：5、6

ハァ
ハァ
ハァ
お父《とう》さん…
ハァ
ハァ
何《なん》だ
イサク…
火《ひ》とたきぎはありますけど
全焼《ぜんしょう》のいけにえにする羊《ひつじ》はどこにあるのです？
ドキン
………
ぎゅっ…
イサク…

創世記 22：6、7

創世記 22：8

ヒュウウウウ
お父《とう》さんの背中《せなか》がこんなに大《おお》きく見《み》えたのは…
初《はじ》めてだ！
ああそうか…お父《とう》さんは…
僕《ぼく》を…
……
…
僕《ぼく》が…
全焼《ぜんしょう》のいけにえ…

創世記 22：8

創世記 22：9

……
イサク…
おまえ怖《こわ》くないのか…？
こ…
怖《こわ》いよ…
でも…
ガタ
ガタ
ガタ
お父《とう》さんと
ヤハウェ様《さま》を信《しん》じてるから

創世記 22：9

創世記 22：9、ヘブル 11：18,19

せめて
ひと思《おも》いに
痛《いた》くないように
してやるからな
う、うん
よろしく
お父《とう》さん…
ぐッ
アブラハム
アブラハム

創世記 22：10、11

創世記 22：10、11

は…はい
……
ここに…
おまえの手《て》をこの子《こ》に下《くだ》してはいけない
この子《こ》に何《なに》もしてはダメだ！

こ、このお方《かた》は？
今《いま》、わたしはおまえが神《かみ》を畏《おそ》れる者《もの》であることがわかった
ガクッ
あ…ああ…
アブラハム

おまえがわたしの約束《やくそく》を信《しん》じて、自分《じぶん》のかけがえのないひとり子《ご》さえ惜《お》しまなかったのを…
わたしにささげる姿《すがた》をすべて見《み》せてもらったぞ…
ああ
お父《とう》さんあそこ！
雄羊《おひつじ》がやぶにひっかかってるよ
あの！
あれはあなたが？
あれ？
もういない…
…

創世記 22：13

創世記 22：14、15、ヤコブ 2：21-23

わたしは確《たし》かに
おまえを大《おお》いに
祝福《しゅくふく》し
おまえの子孫《しそん》を、
空《そら》の星《ほし》、海辺《うみべ》の砂《すな》のように
数多《かずおお》く増《ま》し加《くわ》えよう!!
そして
おまえの子孫《しそん》は、
その敵《てき》の門《もん》を
勝《か》ち取《と》るであろう!!
おまえの子孫《しそん》によって、
地《ち》のすべての国々《くにぐに》は
祝福《しゅくふく》を受《う》ける
ようになる!

創世記 22：17、18

創世記 22：18

ねえ…アダム…
わ、私《わたし》たち ど…どうしたら いいの？
イ…イシャー
いや… おまえをもうイシャー とは呼《よ》ばない…
すべて生《い》きている ものの母《はは》になるの だから…
エバだ…
ベェ〜
ベェ〜
ベェー
ヤハウェ様《さま》 やめて ください!!
……
羊《ひつじ》ちゃん が かわい そう!!
ヤハウェ様《さま》？
ヤ
な、何《なに》を するんです
ヤハウェ様《さま》!?

わああああああああぁ
ひいいいいいい
アダム
この羊《ひつじ》はおまえの身代《みが》わりだ
ハア
ハア
ハア
命《いのち》には命《いのち》を
アブラハム、イサク…わたしがおまえの身代《みが》わりだ!!

そしてすべての人類《じんるい》の
罪《つみ》の呪《のろ》いが…
死《し》が…
わたしが十字架《じゅうじか》で
真《しん》のいけにえとなる
ことで終了《しゅうりょう》する!!

ヒュゥゥゥゥゥ….
ねぇお父《とう》さん
何《なん》だ
僕《ぼく》わかったよ
ピュ―ィ
バサ
バサ
これがお父《とう》さんが見《み》てきた信仰《しんこう》の世界《せかい》!!

ああっ
だんな様《さま》!!
イサク様《さま》
うわあああ 心配《しんぱい》してたんですよー
こいつが変なこと言うから
お二人《ふたり》ともご無事《ぶじ》で何《なに》よりです
何《なん》だ何《なん》だ二人《ふたり》とも
こうして、アブラハムは、若者《わかもの》たちのところに戻《もど》った。
どうして泣《な》いてんだ?
ど〜してってないでしょー
もーっ
彼《かれ》らは立《た》って、いっしょにベエル・シェバに行《い》った。
アブラハムはベエル・シェバに住《す》みついた。
創世記《そうせいき》22章《しょう》19節《せつ》
その後《ご》アブラハム、イサク そしてイサクの子《こ》ヤコブは 三代《だい》にわたって、 ベエル・シェバを中心《ちゅうしん》に 暮《く》らしていった

創世記 22：19

第《だい》7章《しょう》　サラへ…

Dear Sarah...

サラ
Sarah

アブラハムがモリヤから帰《かえ》ってしばらくした頃《ころ》
珍客《ちんきゃく》がやってきた
お久《ひさ》しゅうございますアブラム様《さま》!
いや、今《いま》はアブラハム様《さま》でしたね!!
おおおおーっ あなたは!!
兄《あに》のところの?!
はい!!
ナホル様《さま》に頼《たの》まれてあなた様《さま》の群《む》れを探《さが》して旅《たび》してまいりました!

創世記 22：20

あの方《かた》たちは誰《だれ》だい？
どうやらカランからのお客様《きゃくさま》のようですね
カラン…父《とう》さんと母《かあ》さんのお兄《にい》さんが住《す》んでるっていう？
うわーっとっても懐《なつ》かしいわ！
この年《とし》になってこんなに昔《むかし》の話《はなし》で楽《たの》しめるって思《おも》ってもなかったわ
ああ！ナホル兄《にい》さんとミルカが結婚《けっこん》した話《はなし》は聞《き》いていたが
まさか側女《そばめ》の子《こ》も入《い》れて十二人《にん》も息子《むすこ》がいたとはな…うらやましい!!

創世記 22：20-24

はい、みんな息災《そくさい》で ナホル様《さま》も お父上《ちちうえ》の跡《あと》を継《つ》いで 多《おお》くの羊《ひつじ》の管理《かんり》を しておられます
よろしければぜひ アブラハム様《さま》、サラ様《さま》 にもお越《こ》しいただいて 再会《さいかい》したいと 仰《おお》せでした
ウズ ウズ
おお
私《わたし》も 会《あ》いたい ものだ！
ぎゅっ
アブラハム
キラーン
私《わたし》も♡
懐《なつ》かしすぎて 無性《むしょう》に ナホル兄《にい》さんに 会《あ》いたく なったわ！
そして カランに 行《い》ったら すぐに

イサクのお嫁《よめ》さんを探《さが》すの♡
おまえの狙《ねら》いはソコね
ぶ
っ
ねー行《い》きましょーよアブラハムゥー
あなただって早《はや》く孫《まご》の顔《かお》が見《み》たいって言《い》ってたじゃないの！
ワイ
ワイ
ま、そう言《い》ったがうちの仕事《しごと》は～??
そんなのエリエゼルとイサクに任《まか》せればいいじゃない！
こうしてサラに押《お》し切《き》られてアブラハムはサラと実家《じっか》のあるカランを目指《めざ》して旅《たび》に出《で》ることになった
ラクダに乗《の》るのも久《ひさ》しぶりー
ベエル・シェバから以前《いぜん》住《す》んでいたヘブロンを通《とお》る計画《けいかく》の旅《たび》はサラとアブラハムにとって人生《じんせい》を振《ふ》り返《かえ》ることのできる旅《たび》となった
ねーねー見《み》てあそこ！
ここは以前《いぜん》とまったく変《か》わらないなぁ

ねーえ アブラハム！ お土産《みやげ》は 何《なに》がいいかしらね
ワイ
ワイ
ワイ
せっかくだから カナンにしかない ものを持《も》って いってあげたい じゃない？
まあー！
きれいな 絹《きぬ》ねー
いらっしゃい
お、おい おまえは そうやって 道草《みちくさ》ばかり！
見《み》てー♡ このショール
フワ フワー
…
ニコッ

それが欲《ほ》しいのか？サラ
え？いいの？
毎度《まいど》ありー
アブラハムとサラは夫婦水入《ふうふみずい》らずで久々《ひさびさ》にこの旅《たび》を楽《たの》しんでいた…
ところがー…
ケホ ケホ
お、おい大丈夫《だいじょうぶ》か？サラ
ケホ ケホ
だ…大丈夫《だいじょうぶ》よ ちょっと風邪《かぜ》をこじらせちゃっただけだから…
久々《ひさびさ》に長距離《ちょうきょり》の旅《たび》だからな
急《いそ》ぐ旅《たび》じゃないんだ… ここでゆっくり休《やす》んでから出発《しゅっぱつ》すればいい
そうよね…
アブラハムはサラの体調《たいちょう》の異変《いへん》を最初《さいしょ》はあまり気《き》に留《と》めていなかった

ハァ ハァ
だんな様《さま》 サラ様《さま》のごようすはいかがですか？
……あまりいい状態《じょうたい》とは言《い》えないんだ…
日増《ひま》しに衰弱《すいじゃく》してきている… このまま旅《たび》を続《つづ》けるのは難《むずか》しそうだ…
ああサラ！
起《お》きて大丈夫《だいじょうぶ》なのかい？
ええ
ねぇあなた ここからキルヤテ・アルバは確《たし》か目《め》と鼻《はな》の先《さき》でしたよね？

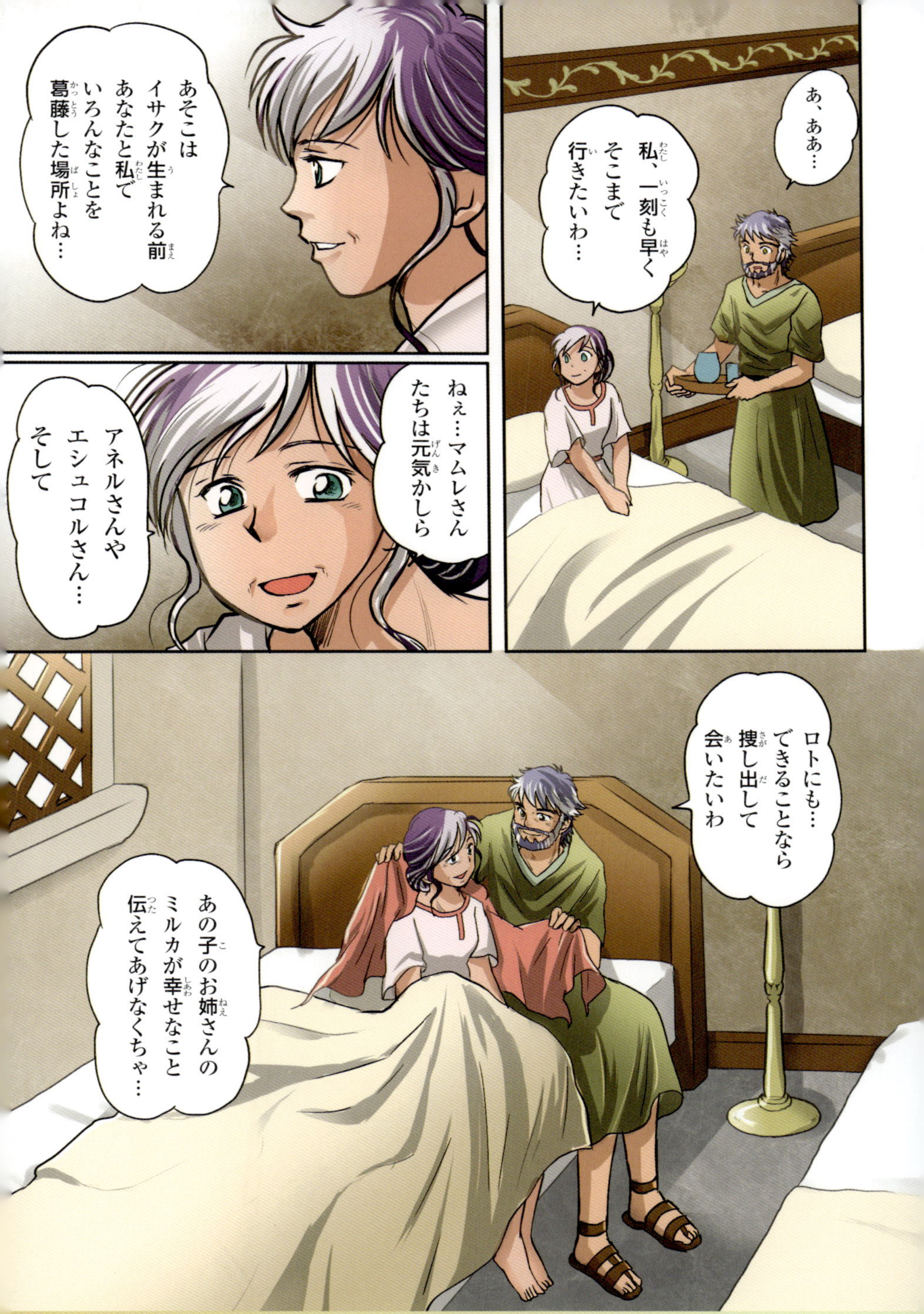

あ、ああ…
私《わたし》、一刻《いっこく》も早《はや》く そこまで 行《い》きたいわ…
あそこは イサクが生《う》まれる前《まえ》 あなたと私《わたし》で いろんなことを 葛藤《かっとう》した場所《ばしょ》よね…
ねぇ…マムレさん たちは元気《げんき》かしら
アネルさんや エシュコルさん… そして
ロトにも… できることなら 捜《さが》し出《だ》して 会《あ》いたいわ
あの子《こ》のお姉《ねえ》さんの ミルカが幸《しあわ》せなこと 伝《つた》えてあげなくちゃ…

こうしてサラは
後《のち》にヘブロンと呼《よ》ばれた
キルヤテ・アルバへ向《む》かった
体力《たいりょく》をなくしたサラにとって
故郷《こきょう》への道《みち》のりは
あまりにも遠《とお》かった
だからせめて第《だい》二の故郷《こきょう》
とも言《い》えるヘブロンまで
たどりつきたかった
のかもしれない
ケホ
ケホ
ケホ
ケホ
ケホ
ケホ
サラ…
！
だんな様《さま》
いよいよ見《み》えて
きましたよ！

マムレの木《き》です!!
私《わたし》たちが暮《く》らした!!
おっおお!!
サラ、マムレの木《き》だぞ!
とうとう着《つ》いたぞ
今日《きょう》からしばらくここで宿営《しゅくえい》しよう!昔《むかし》みたいにあの木《き》の下《した》に幕屋《まくや》を張《は》るからな
え、ええ…

わぁ…
とうとうここへ帰《かえ》ってこられたのね
あ、ああ
ロトたちと別《わか》れてベテルからここに移《うつ》った時《とき》、あなたカナンで三《みっ》つめの祭壇《さいだん》を造《つく》って住《す》んだのよね
ああ、ここでカナンの人々《ひとびと》と同盟《どうめい》を結《むす》びメソポタミア連合軍《れんごうぐん》が攻《せ》めてきた時《とき》はマムレたちと追撃《ついげき》のため精鋭部隊《せいえいぶたい》を組織《そしき》した

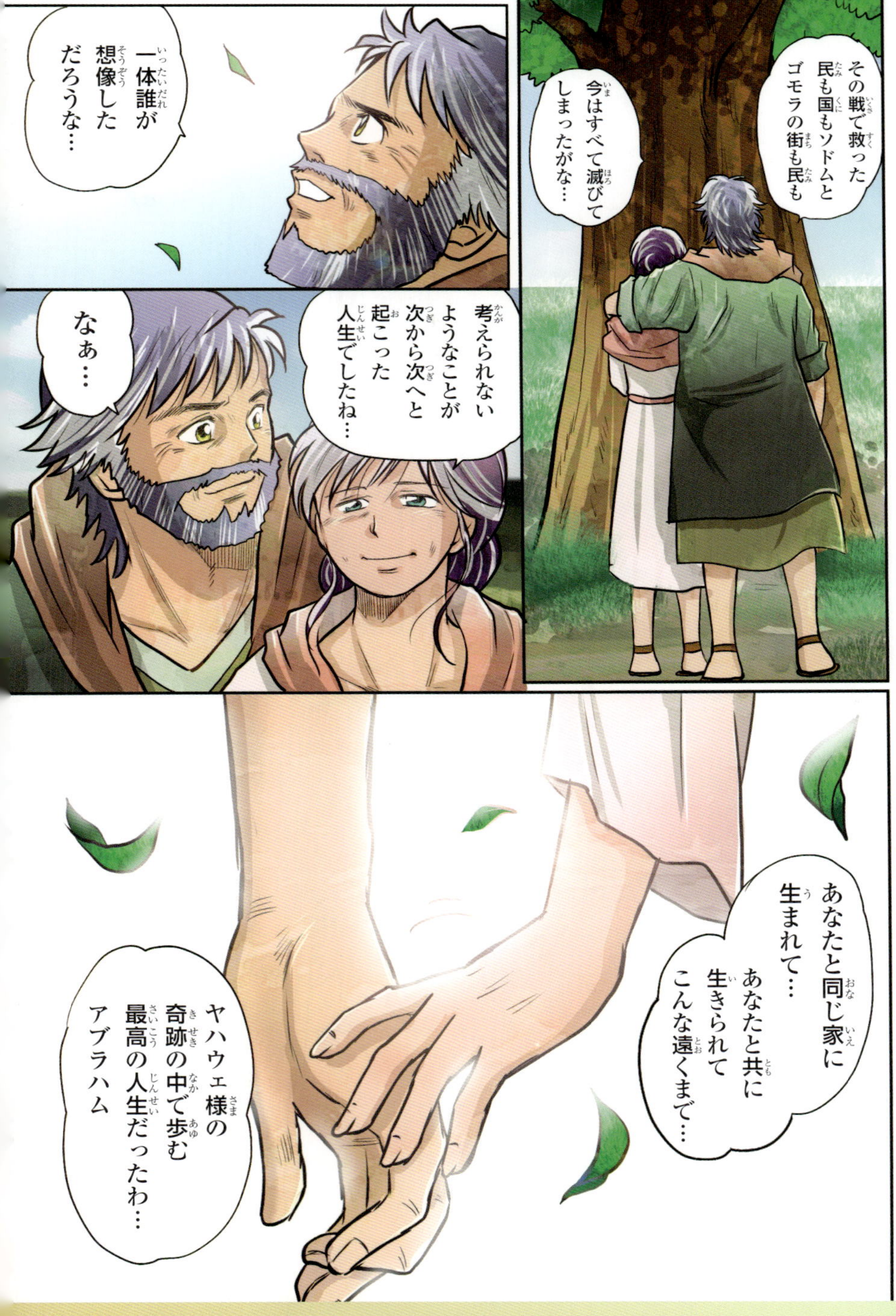
その戦《いくさ》で救《すく》った民《たみ》も国《くに》もソドムとゴモラの街《まち》も民《たみ》も
今《いま》はすべて滅《ほろ》びてしまったがな…
一体《いったい》誰《だれ》が想像《そうぞう》しただろうな…
考《かんが》えられないようなことが次《つぎ》から次《つぎ》へと起《お》こった人生《じんせい》でしたね…
なぁ…
あなたと同《おな》じ家《いえ》に生《う》まれて…
あなたと共《とも》に生《い》きられてこんな遠《とお》くまで…
ヤハウェ様《さま》の奇跡《きせき》の中《なか》で歩《あゆ》む最高《さいこう》の人生《じんせい》だったわ…アブラハム

ワィ
ワィ
ワィ
ワィ
…
トボ
トボ
トボ
サラのために精《せい》がつくもの…
一体何《いったいなに》を食《た》べさせてやればあいつは元気《げんき》になってくれるんだ…
ア、アブラハム様《さま》こんな所《ところ》に!!
ハァ
ハァ
大変《たいへん》です
サラ様《さま》が!!
!!
先《さき》ほど息《いき》をお引《ひ》き取《と》りに!!
ビクッ

創世記 23：1

サラの一生《いっしょう》、サラが生《い》きた年数《ねんすう》は百二十七年《ねん》であった。
サ…
サラ…
サラはカナンの地《ち》のキルヤテ・アルバ、すなわちヘブロンで死《し》んだ。創世記《そうせいき》23章《しょう》1、2節《せつ》
サラよ
アブラハムはサラに進《すす》み寄《よ》り、サラのために胸《むね》を打《う》ちたたいて嘆《なげ》き悲《かな》しんだ。*創世記《そうせいき》23章《しょう》2節《せつ》
サラ!!
アブラハムはしばらくの間《あいだ》打《う》ちひしがれていた
しかし、いつまでもそうするわけにもいかない
サラをどこに葬《ほうむ》ったらいい？カランの兄《あに》の所《ところ》に行《い》けば私有《しゆう》の墓地《ぼち》がある
でも…
ここで墓地《ぼち》を手《て》に入《い》れるならヘテ人《じん》たちと話《はなし》をせねば…
あ、だんな様《さま》!

今《いま》、イサク様《さま》とエリエゼル様《さま》が到着《とうちゃく》されました
お、お父《とう》さん
だんな様《さま》！
うっううう
イサク
ちょうどいいイサク、エリエゼル、供《とも》をしろ
今《いま》から出掛《でか》ける
え？
マクペラの洞穴《ほらあな》を手に入れるぞ！
！

ここにツォハルの子《こ》エフロンがいると思《おも》うのだが…
どの方《かた》かな…？
何《なん》だおまえは
お、おいやめろ！
あの人《ひと》は…
アブラハムだ！
え？うそ！
あの、昔《むかし》エラム王《おう》をやっつけちまったっていう？英雄《えいゆう》の？
英雄《えいゆう》というより神《かみ》の人《ひと》だよ
私《わたし》はあなた方《がた》の中《なか》に居留《きょりゅう》している外国人《がいこくじん》だが私《わたし》の身内《みうち》の者《もの》が先日《せんじつ》死《し》んだ…
できることなら思《おも》い出《で》のあるこの土地《とち》で私有《しゆう》の墓地《ぼち》を私《わたし》に譲《ゆず》ってほしい

創世記 23：4

ザワ
ザワ
ご主人《しゅじん》！
あなたがよそ者《もの》だなんてとんでもない！
あなたは我《われ》らと神《かみ》の間《あいだ》に立《た》つ神《かみ》のつかさじゃないですか！
そのような方《かた》に我《われ》らの最上《さいじょう》の墓地《ぼち》を使《つか》ってもらうことを拒《こば》む者《もの》などおりませんよ
ま、使《つか》うだけならな…土地《とち》は渡《わた》せん…
ザッ
と、父《とう》さん何《なに》を！
！

死《し》んだ者《もの》を私《わたし》のところから移《うつ》して葬《ほうむ》ることをあなたがたも賛成《さんせい》してくださるのなら
どうか聞《き》いてほしい！
ツォハルの子《こ》エフロンに交渉《こうしょう》して
彼《かれ》の畑地《はたち》の端《はし》にあるマクペラの洞穴《ほらあな》を私《わたし》に譲《ゆず》ってくれるようにしてほしい
畑地《はたち》の値《ね》はあなたがたの間《あいだ》で十分《じゅうぶん》な値《あたい》をつけて
私《わたし》の私有《しゆう》の墓地《ぼち》として譲《ゆず》っていただきたいのだ
……

私《わたし》がエフロンだ
ガタ
ご主人《しゅじん》、話《はなし》は全部《ぜんぶ》ここで聞《き》いていた
よいでしょう！畑地《はたち》をただであなたに差《さ》し上《あ》げますあそこにある洞穴《ほらあな》もすべて
そこに亡《な》くなられた方《かた》を葬《ほうむ》ったらよいでしょう
ただで土地《とち》を譲《ゆず》るって？見《み》え透《す》いたことを言《い》う…ただより怖《こわ》いものはないじゃないか
どうする？お父《とう》さん？
…
ふかぶかー…
もしあなたが許《ゆる》してくれるのなら聞《き》いてほしい

創世記 23：11-13

私《わたし》は畑地《はたち》の対価《たいか》を支払《しはら》いたい どうか私《わたし》からそれを受《う》け取《と》ってほしい
そうすることによって私《わたし》も安心《あんしん》して死《し》んだ者《もの》をそこに葬《ほうむ》ることができるのだから…
なんだ なんだ
なるほど… そういうお話《はなし》でしたら洞穴《ほらあな》と周《まわ》りの畑地《はたち》をつけて…
ザフッ
四百シェケルで
ゲッ四百!! エフロンもふっかけて出《で》たなー
ザワ
ザワ
なんて法外《ほうがい》な額《がく》だ!!
さて、アブラハム… ここは商人《しょうにん》たちも見《み》ている場《ば》 ここからどう値切《ねぎ》ってくるかお手並《てな》み拝見《はいけん》させてもらうぞ
ご主人《しゅじん》 この値《ね》なら私《わたし》とあなたとの間《あいだ》では何《なに》ほどのこともないでしょう

創世記 23：13-15

どーぞ、これで亡《な》くなられた方《かた》を葬《ほうむ》ってください
……
フッ
よろしい！では四百シェケルで！
ええ〜っ!
マジ?!!
こんな大金《たいきん》即金《そっきん》で?!
ザワ
ザワ
ザワ
すげー こんな商談《しょうだん》見《み》たことねー
銀《ぎん》の純度《じゅんど》が高《たか》いコインだ量《はか》ってくれ
は、はい
あわわわ…
アブラハムはエフロンの申《もう》し出《で》を聞《き》き入《い》れヘテ人《じん》たちの前《まえ》で銀《ぎん》四百シェケルを渡《わた》した
こうして、マムレに面《めん》するマクペラにあるエフロンの畑地《はたち》、すなわちその畑地《はたち》とその畑地《はたち》にあるほら穴《あな》、それと、畑地《はたち》の回《まわ》りの境界線《きょうかいせん》の中《なか》にあるどの木《き》も、
その町《まち》の門《もん》に入《はい》って来《き》たすべてのヘテ人《じん》たちの目《め》の前《まえ》で、アブラハムの所有《しょゆう》となった
創世記《そうせいき》23章《しょう》17、18節《せつ》

お父《とう》さん!!
これは一体《いったい》どーいうことですか!!
…
マクペラの土地《とち》なら五十シェケルでも高《たか》い買《か》い物《もの》なのに四百だなんて！
正気《しょうき》の沙汰《さた》じゃない!!
…イサクよ…
これは私《わたし》の決意《けつい》なのだ
え？
私《わたし》は一時《いっとき》、サラの遺体《いたい》をこのままカランに連《つ》れて帰《かえ》り、故郷《ふるさと》の墓地《ぼち》に埋葬《まいそう》することを考《かんが》えていた…

しかし…
しかしだな それは間違《まちが》いだと すぐに気《き》がついたんだ
私《わたし》とサラがヤハウェ様《さま》によってカナンにたどりついたのに…
結局《けっきょく》故郷《ふるさと》に帰《かえ》るだなんておかしな話《はなし》だろ？
だから多《おお》くの人々《ひとびと》の面前《めんぜん》で大金《たいきん》を払《はら》ったのは、これからカナンで生《い》きる私《わたし》とおまえたち子孫《しそん》が堂々《どうどう》とこの地《ち》に根《ね》を下《お》ろしていくという宣言《せんげん》にもなると思《おも》ったのだ
あれだけの大金を払えば誰も文句は言わんだろう
それと同時《どうじ》にもう過去《かこ》は振《ふ》り返《かえ》らない！
私《わたし》もサラもおまえも…
もう故郷《ふるさと》のカランへは帰《かえ》らないヤハウェ様《さま》を頼《たよ》る道《みち》だけを選《えら》ぶことを示《しめ》したかった

イサク…
おまえなら このことの意味《いみ》が わかるな？
すべては、僕《ぼく》や… 僕《ぼく》たち子孫《しそん》のため というのか…
は、はい お父《とう》さん
…
サラ様《さま》
イサク坊《ぼっ》ちゃんは あなたの望《のぞ》む りっぱな男《おとこ》に なりつつありますよ
こうしてアブラハムの 愛《あい》する妻《つま》サラの埋葬《まいそう》が やっと行《おこな》われることと なった…

葬儀《そうぎ》を取《と》り仕切《しき》るアブラハムの姿《すがた》は
もう泣《な》いてうなだれてはいなかった…
どんなときでも前《まえ》を向《む》いて父《ちち》のように強《つよ》くあろう
お母《かあ》さん
あなたの信仰《しんこう》の財産《ざいさん》を僕《ぼく》に受《う》け継《つ》がせてください…
創世記 23：19

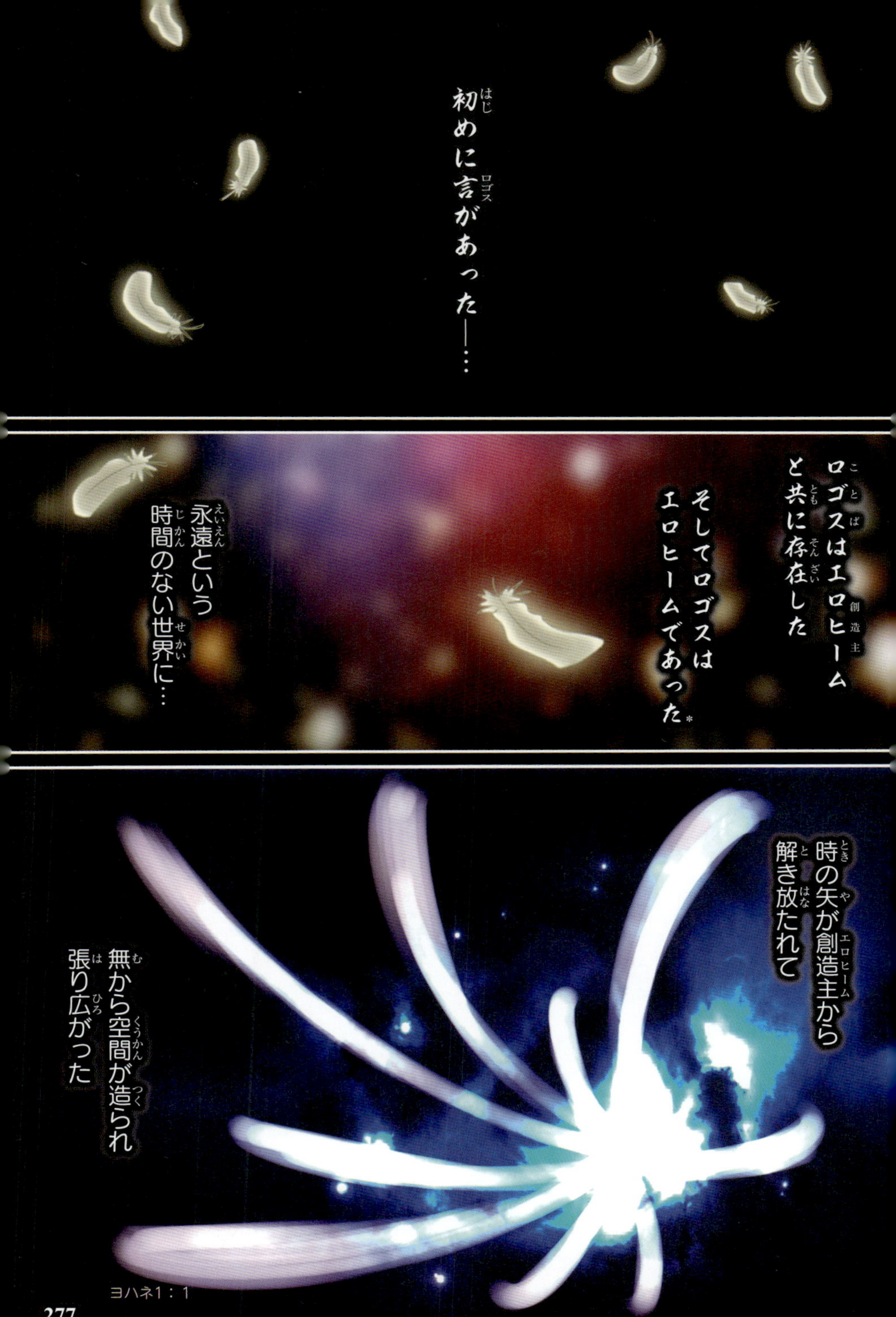
初《はじ》めに言《ロゴス》があった――…
ロゴス《ことば》はエロヒーム《創造主》と共《とも》に存在《そんざい》した
そしてロゴスはエロヒームであった*
永遠《えいえん》という時間《じかん》のない世界《せかい》に…
時《とき》の矢《や》が創造主《エロヒーム》から解《と》き放《はな》たれて
無《む》から空間《くうかん》が造《つく》られ張《は》り広《ひろ》がった
ヨハネ1：1

アダム
そして…
最初《さいしょ》の人《ひと》がー…
やあ
アダム…
ヤハウェ
信仰《しんこう》によって、私《わたし》たちは、この世界《せかい》が神《かみ》のことばで造《つく》られたことを悟《さと》り、
…見《み》えるものが目《め》に見《み》えるものからできたのではないことを悟《さと》るのです…
ヘブル11章《しょう》3節《せつ》
信仰《しんこう》によって、アベルはカインよりもすぐれたいけにえを神《かみ》にささげ
アベル
ヘブル 11：3、4

信仰《しんこう》によって、エノクは
死《し》を見《み》ることのないように
(天《てん》に)移《うつ》されました…
エノク
信仰《しんこう》によって、ノアは、
まだ見《み》ていない事《こと》がらに
ついて神《かみ》から警告《けいこく》を
受《う》けたとき、
恐《おそ》れかしこんで、その家族《かぞく》の
救《すく》いのために箱舟《はこぶね》を造《つく》り…
ノア
信仰《しんこう》による義《ぎ》を
相続《そうぞく》する者《もの》と
なりました。
ヘブル 11：5-7

信仰《しんこう》によって、アブラハムは、
相続財産《そうぞくざいさん》として
受《う》け取《と》るべき地《ち》に
出《で》て行《い》けとの召《め》しを
受《う》けたとき、これに従《したが》い、
どこに行《い》くのかを知《し》らないで、
出《で》て行《い》きました。
ヘブル11章《しょう》8節《せつ》
信仰《しんこう》によって、サラも、
すでにその年《とし》を過《す》ぎた身《み》で
あるのに、子《こ》を宿《やど》す力《ちから》を
与《あた》えられました。
彼女《かのじょ》は約束《やくそく》してくださったヤハウェを
真実《しんじつ》な方《かた》と考《かんが》えたからです。
*ヘブル11章《しょう》11節《せつ》
そこで、ひとりの、しかも
死《し》んだも同様《どうよう》のアブラハムから、
天《てん》の星《ほし》のように、また海《うみ》べの
数《かぞ》えきれない砂《すな》のように
数多《かずおお》い子孫《しそん》が生《う》まれたのです。
ヘブル11章《しょう》12節《せつ》
アバー

これらの人々《ひとびと》はみな、信仰《しんこう》の
人々《ひとびと》として死《し》にました。
約束《やくそく》のものを手《て》に入《い》れることは
ありませんでしたが、はるかに
それを見《み》て喜《よろこ》び迎《むか》え、地上《ちじょう》では
旅人《たびびと》であり寄留者《きりゅうしゃ》であることを
告白《こくはく》していたのです。
ヘブル11章《しょう》13節《せつ》
もし、出《で》て来《き》た故郷《こきょう》のことを思《おも》って
いたのであれば、帰《かえ》る機会《きかい》はあった
でしょう。
しかし、事実《じじつ》、彼《かれ》らは、さらに
すぐれた故郷《こきょう》、すなわち
天《てん》の故郷《こきょう》にあこがれていたのです。
ヘブル11章《しょう》15、16節《せつ》
三年《ねん》後《ご》——…
ベエル・シェバ
エリエゼル
エリエゼルはいるか？

ヘブル 11：13、15、16

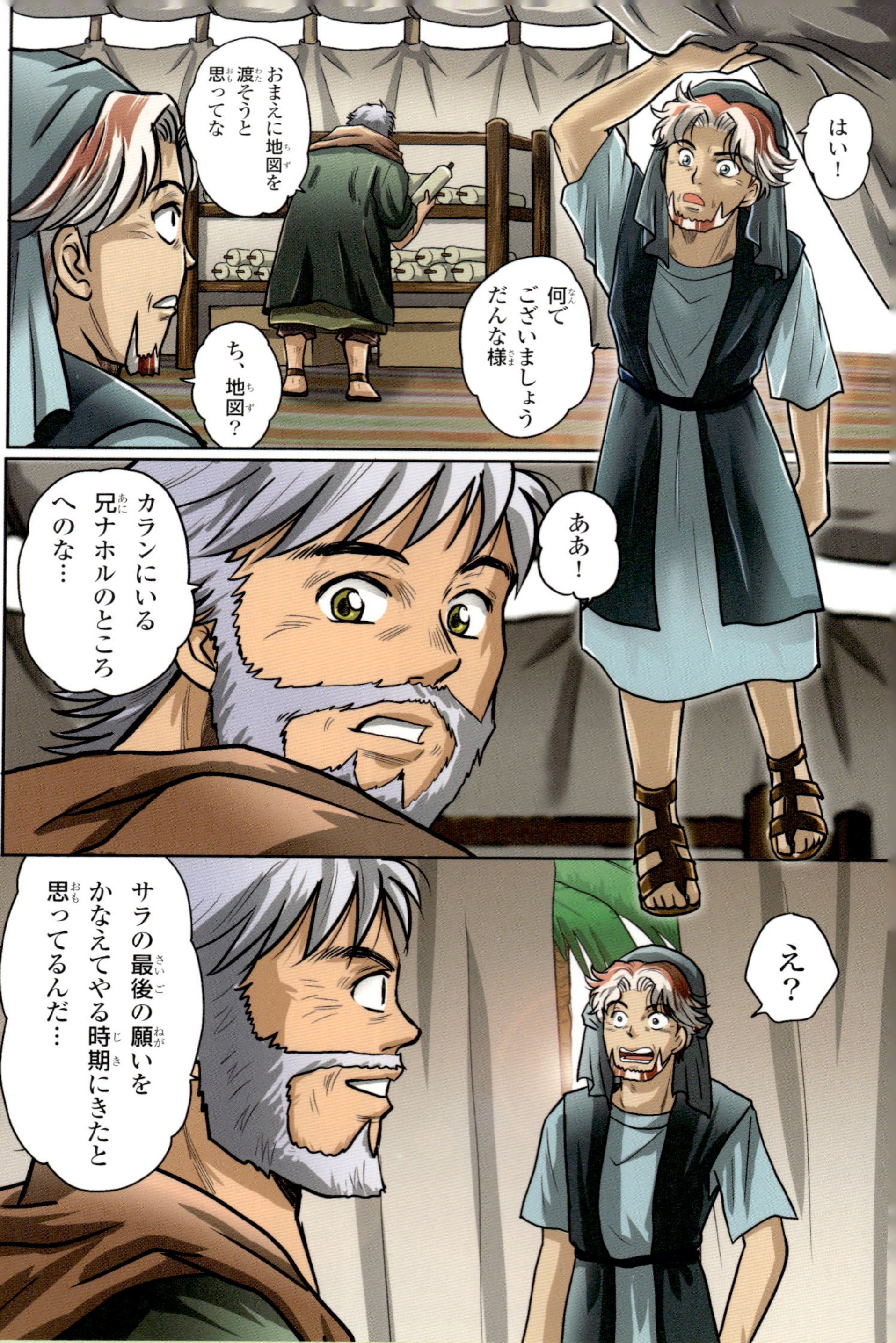
はい！
何《なん》でございましょう
だんな様《さま》
おまえに地図《ちず》を
渡《わた》そうと
思《おも》ってな
ち、地図《ちず》？
ああ！
カランにいる
兄《あに》ナホルのところ
へのな…
サラの最後《さいご》の願《ねが》いを
かなえてやる時期《じき》にきたと
思《おも》ってるんだ…
え？

創世記 24：1

どうか私《わたし》の代《か》わりに私《わたし》の生《う》まれ故郷《こきょう》に行《い》き私《わたし》の息子《むすこ》イサクの妻《つま》を迎《むか》えてはくれないか？
えっ？
私《わたし》がですか!?
頼《たの》む！　私《わたし》の全財産《ぜんざいさん》を管理《かんり》しているおまえでないとこんな大役《たいやく》は務《つと》まらないと思《おも》ってな
おまえの手《て》を私《わたし》の太《ふと》ももの下《した》に入《い》れて、どうか誓《ちか》ってくれないか？
……

創世記 24：2-9

ー数日後《すうじつご》
カラン
ふーっ
今日もあつかったわねー
ほんとねー
ぶっ ぶっ ぶっ
あらー誰《だれ》かしら?
旅《たび》の人《ひと》かな?
ちょっとジャマね…
アブラハムの神《かみ》 主《しゅ》よ…どうか私《わたし》のために取《と》り計《はか》らってください
この街《まち》の娘《むすめ》たちの中《なか》で、私《わたし》と、私《わたし》のラクダに水《みず》を飲《の》ませてくれる人《ひと》がいたら
その娘《むすめ》こそあなたがイサク様《さま》に定《さだ》められた妻《つま》であることを私《わたし》に知《し》らせて…
ポカン
!

創世記 24：10-14

えっ?
えっ?
えっ!?
ガクガクガク
サラ様《さま》～!?
ねーなんか あの人《ひと》、打《う》ち震《ふる》えてない?
やばい人《ひと》 だったら どうしよう

創世記 24：15

あ、あ、あの！どうかあなたの水瓶《みずがめ》から水《みず》を少《すこ》し飲《の》ませてくれませんか!!
ドキドキ
いいですよ お飲《の》みください だんな様《さま》
くすっ
ラクダさんにも あげましょうね

創世記 24：17-19

義《ぎ》を追《お》い求《もと》める者《もの》、主《しゅ》を尋《たず》ね求《もと》める者《もの》よ。
わたしに聞《き》け。
あなたがたの切《き》り出《だ》された岩《いわ》、
掘《ほ》り出《だ》された穴《あな》を見《み》よ。
あなたがたの父《ちち》アブラハムと、
あなたがたを産《う》んだサラのことを考《かんが》えてみよ。
わたしが彼《かれ》ひとりを呼《よ》び出《だ》し、
わたしが彼《かれ》を祝福《しゅくふく》し、
彼《かれ》の子孫《しそん》をふやしたことを。
まことに主《しゅ》はシオンを慰《なぐさ》め、
そのすべての廃墟《はいきょ》を慰《なぐさ》めて、
その荒野《あらの》をエデンのようにし、
その砂漠《さばく》を主《しゅ》の園《その》のようにする。
そこには楽《たの》しみと喜《よろこ》び、感謝《かんしゃ》と歌声《うたごえ》とがある。

イザヤ 51 章《しょう》 1–3 節《せつ》

マンガ ジェネシス —**完**—

ゴスペルコミックシリーズ　旧約編 3

旧約聖書　マンガ ジェネシスⅢ　アブラハム契約

2017 年 12 月 25 日発行

著　者　ケリー篠沢　www.manga-ministry.com

デザイン　小川敦子

アシスト　大場千恵子・遠藤涼葉

協　力　Mia Lloyd　Martha Nygard　Sara Cooney

高橋仁美　大林かおり　その他の皆様

発　行　いのちのことば社　フォレストブックス

〒164-0001　東京都中野区中野 2-1-5

編　集　Tel.03-5341-6924　Fax.03-5341-6932

営　業　Tel.03-5341-6920　Fax.03-5341-6921

e-mail　support@wlpm.or.jp

印刷・製本　シナノ印刷株式会社

「＊」付の聖句は、作者ケリー篠沢による私訳

乱丁、落丁はお取り替えいたします。

ISBN978-4-264-03862-7